Alexander Rock

Multimedia

Definition, Anforderungen, Technik und Anwendung

Bibliografische Information der Deutschen Nationalbibliothek:

Bibliografische Information der Deutschen Nationalbibliothek: Die Deutsche Bibliothek verzeichnet diese Publikation in der Deutschen Nationalbibliografie; detaillierte bibliografische Daten sind im Internet über http://dnb.d-nb.de/ abrufbar.

Copyright © 1996 Diplomica Verlag GmbH
Druck und Bindung: Books on Demand GmbH, Norderstedt Germany
ISBN: 9783838633794

http://www.diplom.de/e-book/219055/multimedia

Alexander Rock

Multimedia

Definition, Anforderungen, Technik und Anwendung

Diplom.de

Alexander Rock

Multimedia
Definition, Anforderungen, Technik und Anwendung

Diplomarbeit
an der Fachhochschule Frankfurt am Main
Fachbereich Wirtschaft
8 Wochen Bearbeitungsdauer
März 1996 Abgabe

Diplom.de

Diplomica GmbH
Hermannstal 119k
22119 Hamburg

Fon: 040 / 655 99 20
Fax: 040 / 655 99 222

agentur@diplom.de
www.diplom.de

ID 3379
Rock, Alexander: Multimedia: Definition, Anforderungen, Technik und Anwendung /
Alexander Rock · Hamburg: Diplomica GmbH, 2001
Zugl.: Frankfurt am Main, Fachhochschule, Diplom, 1996

Diplomica GmbH
http://www.diplom.de, Hamburg 2001
Printed in Germany

Diplom.de

Wissensquellen gewinnbringend nutzen

Qualität, Praxisrelevanz und Aktualität zeichnen unsere Studien aus. Wir bieten Ihnen im Auftrag unserer Autorinnen und Autoren Wirtschaftsstudien und wissenschaftliche Abschlussarbeiten – Dissertationen, Diplomarbeiten, Magisterarbeiten, Staatsexamensarbeiten und Studienarbeiten zum Kauf. Sie wurden an deutschen Universitäten, Fachhochschulen, Akademien oder vergleichbaren Institutionen der Europäischen Union geschrieben. Der Notendurchschnitt liegt bei 1,5.

Wettbewerbsvorteile verschaffen – Vergleichen Sie den Preis unserer Studien mit den Honoraren externer Berater. Um dieses Wissen selbst zusammenzutragen, müssten Sie viel Zeit und Geld aufbringen.

http://www.diplom.de bietet Ihnen unser vollständiges Lieferprogramm mit mehreren tausend Studien im Internet. Neben dem Online-Katalog und der Online-Suchmaschine für Ihre Recherche steht Ihnen auch eine Online-Bestellfunktion zur Verfügung. Inhaltliche Zusammenfassungen und Inhaltsverzeichnisse zu jeder Studie sind im Internet einsehbar.

Individueller Service – Gerne senden wir Ihnen auch unseren Papierkatalog zu. Bitte fordern Sie Ihr individuelles Exemplar bei uns an. Für Fragen, Anregungen und individuelle Anfragen stehen wir Ihnen gerne zur Verfügung. Wir freuen uns auf eine gute Zusammenarbeit.

Ihr Team der Diplomarbeiten Agentur

Diplomica GmbH ───────
Hermannstal 119k ───────
22119 Hamburg ───────

Fon: 040 / 655 99 20 ───────
Fax: 040 / 655 99 222 ───────

agentur@diplom.de
www.diplom.de ───────

Gliederung   D/047/96

Seit

Abbildungsverzeichnis

Tabellenverzeichnis

Abkürzungsverzeichnis

I. Einführung

    1. Der Aufbau der Arbeit
    2. Der Traum „Multimedia"

II. Multimedia

    1. Das Schlagwort Multimedia
    2. Die Begriffsdefinition von Multimedia
    3. Die Gründe für Multimedia
        3.1. Die menschliche Wahrnehmung
        3.2. Die Arbeit mit Multimedia
        3.3. Die Kommunikation
        3.4. Der Informationsfilter
    4. Virtual Reality
    5. Die Realisationskriterien
        5.1. Der Durchsatz
        5.2. Die Echtzeit
        5.3. Die Synchronisation
        5.4. Die Datenkompression
    6. Die Standards von Multimedia

III. Die Entwicklung und die Märkte von Multimedia

    1. Der technische Fortschritt über wenige Jahre
    2. Die schnelle Verbreitung von Multimedia am Markt
    3. Der Multimediamarkt
        3.1. Publishing-Multimedia
        3.2. Do-it-yourself Mutimedia - Der Multimedia-PC
        3.3. Business- und Communications-Multimedia

Seite

IV. Die Multimedia-Technologie 23

1. Die Differenzierung der Hardware 23

2. Die Hardware multimedialer Computersysteme 23

  2.1. Das Motherboard und die Chipspeicher 24

  2.2. Die Prozessoren 25

    2.2.1. Die Prozessorfamilie von Intel 25

    2.2.2. Die Prozessoren der Firma DEC 26

    2.2.3. Die Allianz IBM, Motorola, Apple: Der Power-Chip 27

  2.3. Die Bus-Systeme und der Controller 27

    2.3.1. Der alte Standard: Der ISA-Bus 28

    2.3.2. Der VESA-Local-Bus 29

    2.3.3. Der neue Standard: Der PCI-Bus 29

    2.3.4. Der SCSI-Bus 31

    2.3.5. Der Controller 31

  2.4. Die Speichermedien 32

    2.4.1. Die magnetischen Speichermedien 32

      2.4.1.1. Die Festplatte (Harddisk) 32

      2.4.1.2. Das Floptical-Laufwerk (FOD) 34

      2.4.1.3. Das IOMEGA JAZ-Drive 34

      2.4.1.4. Die sonstigen magnetischen Speichernmedien 34

    2.4.2. Die optischen Speichermedien 35

      2.4.2.1. Die „klassischen" optischen Speichermedien 35

        2.4.2.1.1. Die Bildplatte 35

        2.4.2.1.2. Die CD-ROM 35

        2.4.2.1.3. Die CD-ROM/XA 38

        2.4.2.1.4. CD-I, CD^{32} und 3DO 39

      2.4.2.2. Die „neuen" optischen Speichermedien 40

        2.4.2.2.1. Die CD-WO 41

        2.4.2.2.2. Die CD-R 42

        2.4.2.2.3. Die Photo-CD 42

        2.4.2.2.4. Die CD-MO 44

        2.4.2.2.5. Das PD-Laufwerk 45

  2.5. Die Grafik-, Video-, TV-Hardware 46

    2.5.1. Die Grafikkarte 46

    2.5.2. Die Videobearbeitungshardware 47

Seite

2.5.2.1. Die Echtzeit-Videodigitizerkarte ohne Hardwarekomprimierung   48

2.5.2.2. Die Echtzeit-Videodigitizerkarte mit Hardwarekomprimierung   49

2.5.2.3. Die MPEG-Karte   50

2.5.2.4. Die Genlockkarte   51

2.5.2.5. Die TV-Karte   51

2.5.2.6. Die Kombinationskarten zur Videobearbeitung   52

2.5.3. Der Computerbildschirm   53

2.5.3.1. Der Multisyncmonitor   53

2.5.3.2. Der Touch Screen   54

2.5.3.3. Der LCD-Bildschirm   54

2.5.4. Der Scanner   55

2.6. Die Sound-Hardware   56

2.6.1. Die Soundkarte   56

2.6.2. Das Wavetableboard   58

2.6.3. Die Radiokarte   58

2.6.4. Der Lautsprecher und das Mikrophon   59

2.7. Die Multimedia-Kommunikations-Hardware   59

2.7.1. Die Hardware zur LAN-Nutzung   60

2.7.2. Die Hardware zur WAN-Nutzung   61

2.7.2.1. Das Modem   63

2.7.2.2. Die ISDN-Karte   64

2.7.2.3. Die Faxkarte   64

2.7.2.4. Die Multimedia -Videokonferenzsysteme   65

2.8. Das Multimedia-Notebook   66

3. Die Software multimedialer Computersysteme   66

3.1. Das Betriebssystem   66

3.2. Die Anwendungssoftware   68

V.   Der Einsatz von Multimedia   69

1. Die Anwendungsgebiete von Multimedia   69

2. Der Multimediaeinsatz in der Praxis   70

2.1. Die Unterhaltung   70

2.2. Die Kommunikation   71

2.3. Die Aus- und Weiterbildung   75

2.4. Das Electronic Publishing   78

Seite

2.5. Computer-Simulation 79

2.6. Die „Special Effects" 82

2.7. Die Werbung und die Präsentation 83

2.8. Die Information 85

2.8.1. Point of Information 85

2.8.2. Point of Sale 88

2.9. Die Archivierung und die Katalogerstellung 91

2.10. Die Dokumentation 93

2.11. Die Produktion und die Resourcen-Verwaltung 94

2.12. Die Navigationssysteme 95

2.13. Die Wartung, die Reparatur und der Produktservice 96

VI. **Die Zukunft von Multimedia** 98

1. Die Entwicklung des Multimediamarktes 98

1.1. Die weltweite Entwicklung 98

1.2. Die Entwicklung in Europa und der BRD 101

1.3. Die Kundenakzeptanz 103

2. Die zukünftige technische Entwicklung 103

2.1. Die CPU und die Speichermedien 104

2.2. Die Datenkomprimierung und die All-In-One-Lösung 104

2.3. Die Bildschirme und das interaktives Fernsehen 105

2.4. Multimedia im Haushalt 106

2.5. Virtual Reality 106

2.6. Die multimediale Kommunikation 107

2.7. Die Telearbeit und die Online-Dienste 107

3. Die zukünftige multimediale Gesellschaft 108

4. Die Problematik des Multimediaeinsatzes 110

VII. **Resümee** 112

VIII. **Anhang** 113

IX. **Literaturverzeichnis** 120

X. **Ehrenwörtliche Erklärung** 133

Abbildungsverzeichnis

Seite

Abb. 1: Was ist Multimedia? 5

Abb. 2: Der multimediale Arbeitsplatz 6

Abb. 3: Die Sinneswahrnehmungen und der Lerneffekt beim Menschen 7

Abb. 4: Die „i-glasses" 9

Abb. 5: Der Datenhandschuh und der Spaceball 10

Abb. 6: Ein VR-Spiel mittels Datenhandschuh 10

Abb. 7: Die Marktanteile der größten PC-Hersteller 1994 15

Abb. 8: Die Preisentwicklung der Intel-Prozessoren 1995/1996 16

Abb. 9: Die Preisentwicklung der Festplatten und der CD-ROM-Laufwerke 1995/1996 17

Abb. 10: Die Preisentwicklung bei Grafik- und Soundkarten 1995/1996 17

Abb. 11: Multimedia zu Hause 19

Abb. 12: Die Multimedia-PCs 20

Abb. 13: Der CD-I-Player und das Fernsehgerät ML29-826C von Philips 21

Abb. 14: Der Siemens FD-MPC 21

Abb. 15: Der Olivetti Envision 22

Abb. 16: Der Siemens Scenic PT im Frog Design 22

Abb. 17: Der Multimediaarbeitsplatz 22

Abb. 18: Die Chip-Verkäufe (2. Quartal 1995) in der BRD 23

Abb. 19: Die üblichen Ein- bzw. Ausgabegeräte eines MPCs 24

Abb. 20: Das Motherboard (Gigabyte GA586 ATP) 113

Abb. 21.: Der Leistungsvergleich der Intel-CPUs nach dem iCOMP Index 26

Abb. 22: Die ISA-/EISA-Bus-Architektur 28

Abb. 23: Die VESA-Local-Bus-Architektur (VLB) 29

Abb. 24: Die PCI Local-Bus-Architektur 30

Abb. 25: Das Innenleben einer Festplatte (Modell IBM) 32

Abb. 26: Der Aufbau einer Festplatte 33

Abb. 27: Der CD-ROM-Schichtaufbau 114

Abb. 28: Die Speicherkapazität einer CD-ROM 36

Abb. 29: Das interne CD-ROM-Laufwerk 36

Abb. 30: Der Lesevorgang der CD-ROM 37

Abb. 31: Die Einsatzgebiete der CD-ROM 38

Abb. 32: Der CD-I Player von Vobis 40

Abb. 33: Das Aufzeichnungs- und Leseverfahren der CD-WO 41

Abb. 34: Der CD-Brenner von HP 42

Abb. 35: Vom Farbnegativfilm zur Photo-CD 43

Abb. 36: Das Aufzeichnungs- und Leseverfahren der CD-MO 44

Abb. 37: Das CD-MO-Laufwerk und die CD-MO 45

Seite

Abb. 38: Das Panasonic PD-Laufwerk 45

Abb. 39: Die VGA-Grafikkarte Matrox Millennium 47

Abb. 40: Die 3D-Grafikdarstellung 47

Abb. 41: Das Funktionsprinzip des Monitors 115

Abb. 42: Die Echtzeit-Videodigitizerkarte Spea „Crunch It" 49

Abb. 43: Der MPEG-Player Spea „Play It" 50

Abb. 44: Das MPEG-Video im Overlayverfahren 50

Abb. 45: Der Videoschnitt über den PC 51

Abb. 46: Der MPC als Fernsehgerät 52

Abb. 47: Die Fast Movie Machine 52

Abb. 48: Die Arbeitsoberfläche der Fast Movie Machine 52

Abb. 49: Der Monitor eines PC 53

Abb. 50: Der Touchscreen 54

Abb. 51: Der LCD-Bildschirm beim Notebook 55

Abb. 52: Der Flachbrettscanner 55

Abb. 53: Die Soundkarte 56

Abb. 54: Das analoge und digitale Erfassen von Frequenzen 57

Abb. 55: Die Klangbearbeitung mit der Soundkarte 57

Abb. 56: Die PC-Lautsprecher 59

Abb. 57: Der schematische Aufbau von Netzwerken 60

Abb. 58: Die Arten der LAN-Netzwerke 115

Abb. 59: Die MPC-Kommunikation über das Telefonnetz 62

Abb. 60: Die Datenübertragung im Glasfasernetz 63

Abb. 61: Das externe Modem 64

Abb. 62: Die ISDN-Karte 64

Abb. 63: Die Videokonferenz 65

Abb. 64: Das Multimedia-Notebook 66

Abb. 65: Die Windows 95 Arbeitsoberfläche 67

Abb. 66: Die Multimedia-Anwendungsfelder auf dem amerikanischen Markt 1995 . . 69

Abb. 67: Das multimediale Spiel 70

Abb. 68: Die Videokonferenz 71

Abb. 69: Das Joint Editing am Arbeitsplatz 72

Abb. 70: Ein Arbeitsplatz des Berliner und Bonner Konferenzsystem 73

Abb. 71: Die digital erfaßten Röntgenaufnahmen eines Patienten 74

Abb. 72: Die Microsoft Home-Page im Internet 74

Abb. 73: Die Firma NEC im Internet 74

Abb. 74: Kulinarische Infos über die Online-Dienste 75

Abb. 75: Die Fahrzeugpräsentation von VW 75

Abb. 76: Die Homepage des Musiksenders MTV bei Compuserve 75

Abb. 77: Die 3D-Molukularstruktur eines Atoms 76

Seite

Abb. 78: Lern- und Simulationsprogramme im medizinischen Bereich 76

Abb. 79: CD-ROM-Lernprogramm für Meeresbiologie 77

Abb. 80: Das Lexikon der Musik und Lingua Englisch auf CD-ROM 78

Abb. 81: Die Zugabfertigung im Güterbahnhof 79

Abb. 82: Das Pilotentraining 79

Abb. 83: Das Astronautentraining im Weltall 80

Abb. 84: Der Fluglotsensimulator 80

Abb. 85: Der Cyber-Pilot bei Mercedes Benz 81

Abb. 86: Die Diagnose von Röntgenaufnahmen 81

Abb. 87: Der Arthroskopie-Trainer 82

Abb. 88: Die Beispiele für „Special Effects" 82

Abb. 89: Ein Standbild aus „The Mask" 83

Abb. 90: Carl Louis läuft im Pirellispot über das Wasser 83

Abb. 91: Der 3D-Werbefilm von Shell 83

Abb. 92: Die Messewerbung des Volkswagenkonzerns 84

Abb. 93: Der Siemens Geschäftsbericht '95 85

Abb. 94: Der Infotower 86

Abb. 95: Der Fahrplankisok der DB AG 86

Abb. 96: POI bei Kreditinstituten 87

Abb. 97: Das Städteinformationssystem 88

Abb. 98: Das POI-Musikcenter von Karstadt 89

Abb. 99: Der Elektronische Postschalter 89

Abb. 100: Der Universal-Fahrkartenautomat der Deutschen Bahn AG 90

Abb. 101: Der Online-Info-Kiosk 90

Abb. 102: Das Leistungsangebot von Kreditinstituten beim POS 91

Abb. 103: Die Beispiele der Leistungsangebote von Btx und T-Online 91

Abb. 104: Das Selbstportrait von Vincent van Gogh 92

Abb. 105: Der Scan-Arbeitsplatz in einer Behörde 93

Abb. 106: Die Installation und Wartung eines Tintenstrahldruckers 94

Abb. 107: Die Maschinensteuerung über PC 94

Abb. 108: Der Travel-Pilot 95

Abb. 109: Die Onlinehilfe von Microsoft Word 7.0 für Windows 95 97

Abb. 110: Die Erwartungshaltung internationaler Führungskräfte bezüglich Multimedia 118

Abb. 111: Der weltweite Absatz von Computern und MPCs 98

Abb. 112: Die Umsatzentwicklung für den digitalen Videomarkt 99

Abb. 113: Die Entwicklung des weltweiten Multimediamarktes bis zum Jahr 2000 100

Abb. 114: Die Entwicklung der On- und Offline-Multimediaprodukte bis zum Jahr 2010 100

Abb. 115: Der Absatz von MPCs am europäischen Markt 101

Abb. 116: Der deutsche Multimediamarkt 1990-1996 101

Abb. 117: Der voraussichtliche Absatz der CD-basierenden Videospielkonsolen 118

Seite

Abb. 118: Der Einsatz von Multimedia in den Unternehmensbereichen   119

Abb. 119: Die Relevanz von VR in den verschiedene Anwendunsgebieten   102

Abb. 120: Die Allianzen des Telekommunikationsmarktes für das Jahr 1998   119

Tabellenverzeichnis

Seite

Tab. 1: Der MPC-Level 1 von 1989   12

Tab. 2: Der MPC-Level 2 von 1993   13

Tab. 3: Die Leistungsdaten der Intel-Chip-Familie   113

Tab. 4: Der Vergleich der Primärbussysteme   30

Tab. 5: Der Vergleich der SCSI-Standards   31

Tab. 6: Der Vergleich der optischen Speichermedien   114

Tab. 7: Der Vergleich der Color Book Standards   114

Tab. 8: Die Datenkomprimierung bei der CD-ROM/XA   39

Tab. 9: Der Vergleich von Video und VGA-Bild   48

Tab. 10: Die DFÜ-Netze der Deutschen Telekom   116

Tab. 11: Der Zeitvergleich einer Datenübertragung mittels Modem   63

Tab. 12: Der Vergleich der Betriebssysteme   117

Abkürzungsverzeichnis

3D	3 Dimension
3DO	3 Dimensional Optics
Abb.	Abbildung
AD	Anaolg to Digital
ADPCM	Adaptive Delta Pulse Code Modulation
AFIS	Automatisiertes Fingerabdruck-Identifikationssystem
AG	Aktiengesellschaft
AMD	Advanced Micro Devices
AT	Advanced Technology
AT&T	American Telegraph & Telephone
AVI	Audio Video Interleave
BERKOM	Berliner Kommunikationssystem
BIOS	Basic Input/ Output System
Bit	Binary Digit
BKA	Bundeskriminalamt
BMFT	Bundesministerium für Forschung und Technologie
BMW	Bayerische Motoren Werke
BP	British Petroleum
Btx	Bildschirmtext
BZI	Bertelsmann Zentrale Informationsverarbeitung GmbH
bzw.	beziehungsweise
c't	Magazin für Computertechnik
CAD	Computer Aided Design
CAL	Computer Aided Learning
CBT	Computer Based Training
CD	Compact Disc
CD^{32}	Compact Disc 32 Bit
CD-I	Compact Disc Interactiv
CD-MO	Compact Disc - Magnetic Optical
CD-R	Compact Disc - Recordable
CD-ROM	Compact Disc Read Only Memory
CD-WO	Compact Disc - Write Once
CD-WORM	Compact Disc - Write Once Read Many
CISC	Complex Instruction Set Computer
Corp.	Corporation
CPU	Central Processing Unit
CSCW	Computer Supported Cooperative Work

d.h.	das heißt
DA	Digital to Analog
DB	Deutsche Bahn AG
DEC	Digital Equipment Corporation
DeTe	Deutsche Telekom
DFÜ	Datenfernübertragung
DMA	Direct Memory Access
DOS	Disc Operating System
DRAM	Dynamic Random Access Memory
DSP	Digital Signal Processor
DTP	Desktop Publishing
DVI	Digital Video interaktive
E-Mail	Elektronische Nachricht
EC	Euroscheckkarte
EDO-RAM	Extended Data Out - Random Access Memory
EDV	Elektronische Datenverarbeitung
EIDE	Enhanced Integrated Drive Elektronics
EISA	Extended Industry Standard Architecture
ENC	European Networking Center
EPO	European Patent Organisation
FBAS	Farb- Bild- Austast- Synchron- Signal
FC	Fibre Channel
FISH	Forensisches Informationssystem Handschriften
FM	Frequenz - Modulation
FOD	Floptical Optical Disc
GBit/s	Gigabit pro Sekunde
GByte	Gigabyte
GmbH	Gesellschaft mit beschränkter Haftung
GMD	Gesellschaft für Mathematik und Datenverarbeitung
GPS	Global Positioning System
HABIS	Hafenbahn- Betriebs- und Informationssystem
HP	Hewlett Packard
Hrsg.	Herausgeber
hrsg. v.	herausgegeben von
i.d.R.	in der Regel
I/O	Input/Output
IBM	International Business Machines
IDC	International Data Corporation
IDE	Integrated Drive Electronics
IDG	IDG Newsservice
ISA	Industrie Standard Architecture

ISDN	Integrated Services Digital Network
ISO	International Standard Organisation
JG.	Jahrgang
JPEG	Joint Photographic Experts Group
KBit/s	Kilobit pro Sekunde
KByte	Kilobyte
kg	Kilogramm
kHz	Kilohertz
KPMG	Klynveld Peat Marwick Goerdeler
LAN	Lokal Area Network
Laser	Light Amplification by Stimulated Emission of Radiation
LCD	Liquid - Chrystal - Display
LED	Light Emitting Diode
Mailbox	Elektronischer Briefkasten
max.	maximal
MBit/s	Megabit per Second
MByte	Megabyte
MEDKOM	Medizinische Kommunikation
MHz	Megahertz
MIDI	Musical Instrument Digital Interface
Mill.	Millionen
MIPS	Million Instructions Per Second
MMCD	Multimedia - Compact Disc
Modem	Modulator - Demodulator
MPC	Multimedia Personal Computer
MPEG	Motion Picture Experts Group
MPRII	Magnetic Particle Radiation II
Mrd.	Milliarden
ms	Millisekunden
MS	Microsoft
MTV	Musik Televison
NEC	Nippon Electronic Company
NI	Non Interlaced
NPX	Numeric Processor Extension
Nr.	Nummer
ns	Nannosekunden
NT	New Technology
o. JG.	ohne Jahrgang
o. Nr.	ohne Nummer
o.V.	ohne Verfasser
OS/2	Operating System/2

PAL	Phase Alternation Line
PC	Personal Computer
PCD	Photo Compact Disc
PCI	Peripheral Component Interconnect
PCMCIA	Personal Computer Memory Card International Association
PD	Phase Drive
PM-DRAM	Page Mode - Dynamic Random Access Memory
POI	Point Of Information
POS	Point Of Sale
Power-PC	Performance Optimized With Enhanced Risc - Personal Computer
RAM	Random Access Memory
RAMDAC	Radom Access Memory Digital - To Analog Converter
RGB	Rot Grün Blau
RISC	Reduced Instruction Set Computer
ROD	Rewriteable Optical Discs
ROM	Read Only Memory
RWE	Rheinisch-Westfälische-Elektrizitäts AG
S.	Seite
SCSI	Small Computer Standard Interface
SD	Super Density
SIG	Special Interest Group
SNI	Siemens Nixdorf Informationssysteme AG
Std.	Stunde(n)
SVGA	Super Video Graphic Adapter
SVHS	Super Video Home System
Tab.	Tabelle
TCO	Tjänstemännens Central Organisation
TrueColor	Echtfarbdarstellung
UPM	Umdrehungen pro Minute
u.	und
u.a.	und andere
v.	von
VBN	Vermitteltes Breitbandnetz
VDE	Verband Deutscher Elektrotechniker e.V.
VDI	Verein Deutscher Ingenieure e.V.
Veba	Vereinigte Elektrizitäts- und Bergwerks-AG
VESA	Video Electronics Standard Association
VGA	Video Graphic Adapter
Vgl.	vergleiche
VHS	Video Home System
VR	Virtual Reality

VRAM	Video - Random Access Memory
VW	Volkswagen AG
WAN	Wide Area Networks
WRAM	Window - Random Access Memory
W-SCSI	Wide Small Computer Standard Interface
XA	eXtended Architecture
z.B.	zum Beispiel

I. Einführung

1. Der Aufbau der Arbeit

Ziel dieser Arbeit ist es, Multimedia zu definieren und die Anforderungen an ein Multimediasystem aufzuzeigen. Zusätzlich soll die verwendete Technik dieser Systeme beschrieben und Beispiele für deren Praxisanwendung gegeben werden.

Für die systematische Darstellung und eine eindeutige Definition ist es deshalb zunächst notwendig, im ersten Kapitel den Begriff Multimedia genau einzugrenzen, wobei die Information sowie deren Vermittlung eine bedeutende Rolle spielen. Im Hinblick darauf werden auch die Vorteile und Anforderungskriterien des Multimediaeinsatzes aufgezeigt. Ferner erfolgt eine Darstellung der Gemeinsamkeiten und Unterschiede zwischen Virtual Reality und Multimedia. Den Abschluß bildet eine Aufstellung bereits existierender Standards für multimediale Computersysteme.

Das zweite Kapitel gibt Aufschluß über den schnellen technologischen Fortschritt in der Computerbranche, die sich daraus ergebende Verbreitung von Multimedia und die beiden großen Interessengruppen am Multimediamarkt.

Bestandteil des dritten Kapitels sind, nach vorangegangener Differenzierung der verschiedenen Multimedialösungen, im wesentlichen die Elemente multimedialer Computersysteme nach dem MPC-Standard. Auf die Technik, die Funktion und den Zweck der einzelnen Erweiterungen, die aus einem gewöhnlichen Computer einen MPC machen, wird besonders eingegangen. Neben der Hardware wird auch knapp die Software multimedialer Systeme erläutert.

Die möglichen Anwendungsgebiete der Multimediatechnologie und der heute gängige praktische Einsatz, aber auch zukünftige Einsatzfelder, bilden den Kern des vierten Kapitels. Die dabei vorgenommene Einteilung verdeutlicht die Relevanz des multimedialen Einsatzes für die einzelnen charakteristischen Anwendungsgebiete besonders.

Im fünften Kapitel werden die Aussichten der Multimediamärkte für die nächsten Jahre und zukünftige Technologien mit deren Anwendung beschrieben. Ergänzend werden die Auswirkungen, Chancen und Probleme der weiter voranschreitenden Technisierung unserer Gesellschaft, die durch den Einsatz von Multimedia noch verstärkt wird, aufgezeigt.

Eine komprimierte Zusammenfassung liefert schließlich das Resümee im sechsten Kapitel.

2. Der Traum „Multimedia"

„Ein Haus irgendwo in Deutschland im nächsten Jahrtausend. Es ist früh am Morgen, die Familie sitzt am Frühstückstisch beisammen. Durch ein verbales Kommando des Vaters wird wie von unsichtbarer Hand ein Bildschirm neben dem Frühstückstisch eingeschaltet. Durch weitere Kommandos erscheint schließlich eine Sprecherin auf dem Bildschirm und verliest die gewünschten Morgennachrichten.

Gegen acht Uhr beginnt für die Kinder der Schulunterricht in ihren eigenen Zimmern. Die PCs werden eingeschaltet, mit ein paar Mausklicken ist man schon im Netzwerk der Schule und der Unterricht kann pünktlich beginnen. Die Lehrerin erscheint als Videoübertragung auf dem Bildschirm und begrüßt die Schüler. Thema der heutigen Geschichtsstunde sind die ägyptischen Pyramiden. Mit Hilfe des Computers wird den Schülern dreidimensional der Bau einer Pyramide simuliert und später ein Rundgang im fertiggestellten Bauwerk durchgeführt.

Der älteste Sohn studiert an einer Tele-Universität Betriebswirtschaftslehre. Auch er verläßt das Haus nicht, sondern begibt sich in sein Zimmer. Wie seine jüngeren Geschwister, ist er in wenigen Sekunden mittels Computer in der Universität. Während der Vorlesung kann er sich mit anderen Studenten unterhalten, zu den Unterrichtsinhalten Stellung beziehen und diskutieren. Zur Zeit schreibt er mit einem amerikanischen und norwegischen Kommilitonen an der gemeinsamen Diplomarbeit, Multimedia macht es möglich.

Vater und Mutter sind beide Teleworker, sie können zu Hause am PC für ihre Arbeitgeber tätig werden. Der Vater ist Bankkaufmann bei einem weltweit tätigen Kreditinstitut, er führt am Rechner Bilanzanalysen durch und bewilligt entsprechende Firmenkredite. Die Mutter ist Werbekauffrau bei einer überregional operierenden Werbeagentur. Sie ist verantwortlich für den Entwurf der Anzeigentexte und des späteren Layout der Werbeseiten.

Der Vater führt kurze Zeit später mit einigen Kollegen eine Videokonferenz bezüglich einer Unternehmensinsolvenz durch. Einer seiner Kollegen bittet ihn noch um die ausgearbeiteten Unterlagen der letzten Sitzung, einige Sekunden später kann er sich dafür bedanken und sein Videobild verschwindet vom Bildschirm. Seine Frau nimmt zwischenzeitlich die Abbildungen für das neue Layout in Augenschein und stimmt dieses dann gleich mit ihrer Kollegin ab. Kurz vor Mittag sehen sich die Eltern gemeinsam die empfangene Post über den Computer an.

Nach dem Mittagessen bestellt der Vater nach Absprache mit der Familie die benötigen Lebensmittel und andere Konsumgüter online per Computer im nächsten Supermarkt. Die Lieferung wird am nächsten Morgen erfolgen.

Gegen 15 Uhr ist der Schulunterricht beendet, die Kinder der Familie verabreden sich mit ihren Freunden und verlassen das Haus. Der älteste Sohn und die Eltern sitzen dagegen noch bis 16 Uhr vor den Geräten. Der Vater kontrolliert schließlich noch schnell die Kontoauszüge seines Girokontos und tätigt daraufhin via Telebanking einige Überweisungen und Umbuchungen.

Am frühen Abend finden sich alle Familienmitglieder wieder zu Hause ein, denn es gilt den nächsten Urlaub zu planen. Hierfür werden verschiedene Reiseziele aus einem elektronischen Katalog des örtlichen Reisebüros ausgewählt. Nach der Selektion können die Videofilme über den großen Bildschirm im Wohnraum angesehen werden. Die Entscheidung fällt der Familie bei solch eindrucksvollen Filmen und Bildern schwer. Doch wird man sich schließlich einig und bucht direkt danach das Urlaubsziel.

Den Abend verbringt die Familie gemeinsam, nach dem Abendessen möchten sie einen neuen Spielfilm sehen, denn die vorher im PC durchgesehenen Veranstaltungstips fanden kein Interesse. Der Film wurde über ein Menü ausgewählt und steht nach wenigen Minuten zur Verfügung. An bestimmten Positionen, inmitten und am Ende des interaktiven Films, können die Familienmitglieder wählen, welchen Handlungsverlauf der Film nehmen soll. Nach zwei Stunden erscheint das altbekannte „The End" auf dem Bildschirm und auch der Tag der Familie irgendwo in Deutschland geht zu Ende."

Diese Geschichte mag aus heutiger Sicht utopisch klingen, sie erinnert vielmehr an Science Fiction. Doch bereits im nächsten Jahrtausend könnte sie für viele Menschen auf der Erde zur Wirklichkeit werden. Teilbereiche der Geschichte sind technisch gesehen heute schon möglich, allerdings nicht in obigem Umfang realisiert, wie z.B. das Teleworking und -banking, Videokonferenzen oder On-Demand-Dienste.[1]

Das Zeitalter einer multimedialen Welt hat begonnen und wird im Verlauf der Technisierung unserer Gesellschaft, der breiteren Kommunikation und der damit ständig wachsenden Menge von Informationen weiter voranschreiten. Doch was genau versteckt sich hinter dem Begriff von Multimedia, als was muß man Multimedia verstehen?

---

[1] Vgl. Kinnebrock, Wolfgang: Marketing mit Multimedia - Neue Wege zum Kunden, Landsberg/ Lech 1994, S. 32 ff. u. S. 40 ff.

II. Multimedia

1. Das Schlagwort Multimedia

Multimedia, kein anderes Wort fand in der letzten Zeit im Bereich der Elektronischen Datenverarbeitung, auf Computermessen oder Fachkongressen so häufig Verwendung wie der Begriff Multimedia.[1]

Multimedia, ein Wort das von vielen Anwendern benutzt wird ohne wirklich zu wissen, was es bedeutet.[2] Ohne den Begriff jedoch genau abzugrenzen kann man unter Multimedia eigentlich fast alles verstehen. Daher ist es möglich, daß die Meinungen über Multimedia oft weit auseinandergehen, wenn sich Personen mit diesem Thema befassen.[3] Für die einen ist Multimedia einfach alles, was mit dem Computer in Zusammenhang gebracht werden kann, man spricht von Datenautobahnen, Grafik, Video oder Virtual Reality. Für andere ist es die Verbindung von Computern mit jeglicher Art von Medien, der Unterhaltungselektronik und der Telekommunikation.[4]

2. Die Begriffsdefinition von Multimedia

Übersetzt man den Begriff Multimedia wörtlich, so bedeutet dies soviel wie die Nutzung vieler Medien. Unter einem Medium versteht man ein Kommunikationsmittel zur Verbreitung und Darstellung von Informationen.[5] Medien sind Texte (Schriften), Sprache, Graphik, Bilder, Video (bewegt Bilder), Geräusche, Laute und Musik.[6] Dies ist für sich genommen nicht besonders neu, denn wir nutzen heute bereits eine Vielzahl von verschiedenen Medien parallel um zu kommunizieren, z.B. beim Fernsehen oder im Kino.[7]

---

[1] Vgl. Kramer, Horst/ Mayer, Karl H.: Multimedia - Was deutsche Unternehmen davon halten und damit anfangen, München 1992, S. 12; o.V.: Learn about Multimedia, in: Distributed Multimedia Solutions from the European Networking Center, IBM Heidelberg, eigene Publikation, 1995
[2] Vgl. Schlicht, Hans-Jürgen: Digitale Bildbearbeitung mit dem PC - Scanner, Drucker, Video und Multimedia, Bonn/ Paris/ Reading/ u.a. 1993, S. 106; von Kraewel, Thea: Multimediasysteme in deutschen Banken, Multimedia Praxis, Band 3, München 1994, S. 9
[3] Vgl. Steinbrink, Bernd: Multimedia - Einstieg in eine neue Technologie, München 1992, S. 18; Ingenbleck, Werner: Multimedia, 1.Auflage, Korschenbroich 1994, S. 95; Kaufmann, Wolfgang/ Müller, Jens: Quickstart Multimedia PC, 1.Auflage, Düsseldorf/ San Francisco/ Paris/ Soest 1992, S. 13; o.V.: Learn about Multimedia, a.a.O.
[4] Vgl. Müller, Wolfgang: Multimedia - Interaktive Medien in Städten und Gemeinden, hrsg. v. Habbel, F.-R. u. Reinhard, H., Düsseldorf 1993, S. 13; Ingenbleck, Werner: a.a.O., S. 95; Spanik, Christian/ Rügheimer, Hannes: Multimedia - Einsteigen ohne auszusteigen, Haar bei München 1993, S. 28 f.; Kiermeier, Michael: Das Einsteigerseminar Multimedia, 1. Auflage, Korschenbroich 1993, S. 7
[5] Vgl. Stucki, P.: Multimedia: Einführung in die Thematik, in: Multimedia 2000, SVD Schweizerische Vereinigung für Datenverarbeitung, Tagungsdokumentation vom 07. Juli 1994, Zürich 1994, S. 1; Spanik, Christian/ Rügheimer, Hannes: a.a.O., S. 29
[6] Vgl. Brockhaus Lexikon, dtv-Taschenbuchausgabe, Band 12, München 1986, S. 9 f.
[7] Vgl. Thompson, Steven A./ Aleshire, Keith: Aufrüsten zum Multimedia-PC - Einführung und Wegweiser, Haar bei München 1995, S. 29

Die Multimediatechnologie bedient sich der Hilfe des Computers, mit dem die visuellen und akustischen Medien digital erzeugt, gespeichert, verbunden, verarbeitet, präsentiert und übertragen werden können.[1] Ein besonders wichtiger Punkt ist somit die Integration der Medien unter einer gemeinsamen Benutzeroberfläche im Computer.[2] Doch diese Integration allein genügt nicht, der zweite wichtige Punkt ist die Interaktion, d.h. die Einbeziehung und aktive Rolle des Benutzers. Zwischen ihm und dem Medium muß eine Wechselbeziehung, eine Kommunikation stattfinden.[3] Der Benutzer muß in seinen Entscheidungen wahlfrei bleiben, d.h. er muß die Möglichkeit haben, zu reagieren, mit seinen Eingaben Änderungen im Ablauf herbeizuführen und die Medien nach seinen Wünschen zu selektieren und anzupassen.[4] Der Anwender ist nicht länger stillschweigender Konsument, er wählt aus der großen Menge der Angebote nach seinen Kriterien aus und entscheidet über deren Verwendung sowie Ablauf (Vgl. Abb. 1).[5]

Abb. 1: Was ist Multimedia? (Quelle:[6])

Multimedia ist kein einzelnes Produkt in einem Warenregal, sondern ein Konzept. Es verbindet bereits existierende Technologien an deren Schnittstellen und schafft damit eine neue Form der Informationsvermittlung für die Unterhaltung und Kommunikation. Der Computer verschmilzt zum Arbeits-, Kommunikations- und Präsentationsmittel mit der Multimediatechnologie (Vgl. Abb. 2).[7] Multimedia ist als Informations- und Kommunikationssystem durch die Integration bestehender Telekommunikationsdienste nicht auf einen lokalen

---

[1] Vgl. Encarnação, José L./ Foley, James D.: Multimedia - System Architectures and Applications, Berlin/ Heidelberg 1994, S. 1; Kinnebrock, Wolfgang: a.a.O., S. 44

[2] Vgl. Stucki, P.: a.a.O., S. 2; von Kraewel, Thea: a.a.O., S. 9

[3] Vgl. Börner, Wolfgang/ Schnellhardt, Günther: Multimedia - Grundlagen, Standards, Beispielanwendungen, 1. Auflage, München 1992, S. 16; Kaufmann, Wolfgang/ Müller, Jens: a.a.O., S. 14

[4] Vgl. Spanik, Christian/ Rügheimer, Hannes: a.a.O., S. 30; von Kraewel, Thea: a.a.O., S. 10

[5] Vgl. Börner, Wolfgang/ Schnellhardt, Günther: a.a.O., S. 19

[6] Eigene Abb.; vgl. Hahn, Harald: Das große CD-ROM Buch - Das innovative Buch zur CD-Technologie, 1. Auflage, Düsseldorf 1994, S. 114

[7] Vgl. Müller, Wolfgang: a.a.O., S 14; Schmenk, Andreas/ Wätjen, Andreas: Multimedia - Multimedia verstehen, planen, einsetzen, München 1993, S. 13; Kiermeier, Michael: a.a.O., S. 7

Computer beschränkt.[1] Mit der Anbindung an ein regionales, überregionales oder gar weltweites Kommunikationsnetz setzt sich Multimedia über Grenzen hinweg.[2]

Abb. 2: Der multimediale Arbeitsplatz (Quelle:[3])

Die Einführung neuer Techniken und Standards verändern die Einsatzmöglichkeiten von Multimedia stetig. Das Konzept Multimedia ist damit einem kontinuierlichen Wandel unterzogen, der sich in großem Maße an der technischen Entwicklung in der Hard- und Softwarebranche orientiert.[4]

3. Die Gründe für Multimedia

Multimedia erleichtert das Lernen und jegliche Form der Informationsaufnahme. Es ist die effektivste Kommunikationsform unserer Zeit und bietet dazu noch Unterhaltung. Alle zur Verfügung stehenden Medien, sei es Text, Klang, Grafik, Video oder Animation werden zusammengefügt und in einer unterhaltenden, informativen und sehr wirksamen Form dargestellt.[5]

3.1. Die menschliche Wahrnehmung

Der Mensch ist in der Lage mit seinen Sinnesorganen Informationen aufzunehmen. Doch wieviel der bereitgestellten Informationen aufgenommen und in seinem Erinnerungsvermögen

---

[1] Vgl. Neuerburg, Hans-Jürgen: Dienste in Breitbandversuchsnetzen für Multimediaanwendungen, in: Multimedia - Neue Anwendungen in der Telekommunikation, Arbeitsgemeinschaft VDE-Bezirksverein Frankfurt am Main vom 25.01. bis 15.02.1993, hrsg. v. Forst, H. J., Berlin/ Offenbach 1993, S. 20
[2] Vgl. Börner, Wolfgang/ Schnellhardt, Günther: a.a.O., S. 18 f.; o.V.: Multimedia Conferencing, in: Distributed Multimedia Solutions from the European Networking Center, IBM Heidelberg, eigene Publikation, 1995
[3] Pich, Joachim: So nah und doch so fern, in: CHIP, o. JG., Nr. 2/95, Februar 1995, S. 254
[4] Vgl. Schmenk, Andreas/ Wätjen, Andreas: a.a.O., S. 20 f.
[5] Vgl. Thompson, Steven A./ Aleshire, Keith: a.a.O., S. 21

verbleiben werden, ist im wesentlichen von der Art der Informationsaufnahme abhängig (Vgl. Abb. 3).[1]

Abb. 3: Die Sinneswahrnehmungen und der Lerneffekt beim Menschen (Quelle:[2])

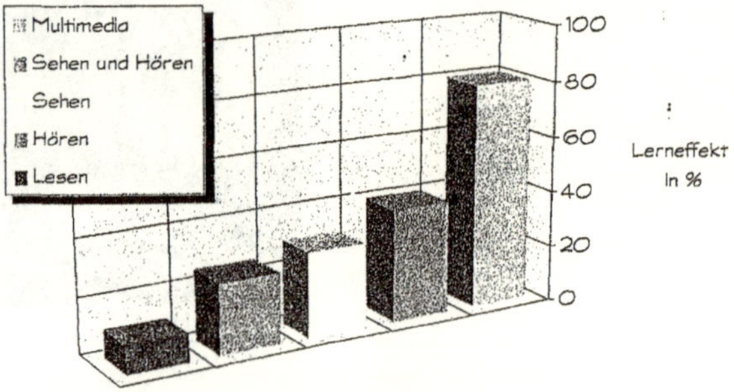

Etwa 10 % von dem, was ein Mensch liest, ca. 25 % von dem was er hört und ungefähr 40 Prozent von dem was er sieht, behält er in seinem Gedächtnis. Kombiniert man diese Sinneswahrnehmungen zusammen mit dem eigenen Tun, so ergibt sich ein Effekt der größer ist als die Addition der einzelnen Prozentzahlen. Mit Multimedia wird die Sinneswahrnehmung des Menschen demnach verbessert.[3] Die Anregung aller unserer menschlichen Sinne - neben Sehen und Hören existieren auch noch der Tast-, Geruchs-, und Geschmackssinn - über Multimediasysteme wird derzeit noch durch die technischen Möglichkeiten begrenzt.[4]

3.2. Die Arbeit mit Multimedia

In der Multimediatechnologie werden die Möglichkeiten der menschlichen Wahrnehmungen zusammengefaßt. Dazu gehören Texte, Bilder, Musik, Sprache sowie Video (bewegte Bilder), die in einem einzigen Informationssystem integriert werden und damit wichtige menschliche Sinne ansprechen.[5] Mittels der interaktiven Computersteuerung trifft der Anwender eine Auswahl und nimmt so die verfügbaren Informationen aktiv, entsprechend seinen Wünschen und Bedürfnissen, schneller und nachhaltiger auf.[6]

---

[1] Vgl. Börner, Wolfgang/ Schnellhardt, Günther: a.a.O., S. 24; Steinmetz, Ralf: Multimedia-Technologie - Einführung und Grundlagen, Berlin-Heidelberg 1993, S. 10
[2] Eigene Abb.
[3] Vgl. Messina, Calogero: Was ist Multimedia? Eine allgemeinverständliche Einführung, München/ Wien 1993, S. 9; Müller, Wolfgang: a.a.O., S. 17; Kiermeier, Michael: a.a.O., S. 40
[4] Vgl. Kaufmann, Wolfgang/ Müller, Jens: a.a.O., S. 21
[5] Vgl. Steinbrink, Bernd: a.a.O., S. 20 f.; Messina, Calogero: a.a.O., S. 9 f.; Kaufmann, Wolfgang/ Müller, Jens: a.a.O., S. 20 f.
[6] Vgl. Börner, Wolfgang/ Schnellhardt, Günther: a.a.O., S. 24; Kaufmann, Wolfgang/ Müller, Jens: a.a.O., S. 24

Die Multimediatechnologie baut auf bereits existierenden Informationen auf. Bereits vorhandene Animationen, Bilder, Video- und Audiosequenzen, Graphiken oder Texte können in Multimediaanwendungen jederzeit integriert und weiterverwendet werden. Der Zugriff auf die Medien und die Erstellung einer neuen Multimediaanwendung gestaltet sich damit einfach. Diese multimedialen Informationen können digital gespeichert werden, d.h. sie lassen sich ohne großen Aufwand aktualisieren, verändern, erweitern und duplizieren. Digitale multimediale Informationen sind weltweit über Datennetze verfüg- und übertragbar.[1]

3.3. Die Kommunikation

Die Kommunikation ist wie bereits festgestellt wurde, ein wesentlicher Teil von Multimedia. Neben der verbesserten Kommunikation zwischen Mensch und Maschine soll mit Multimedia auch die zwischenmenschliche Kommunikation weiterentwickelt werden. Es ist deshalb unsinnig nur einzelne Systeme multimedial auszubauen, nötig ist eine Verbindung mehrerer solcher Systeme, man spricht in diesem Zusammenhang von Netzwerken. Über diese können die Anwender dann ohne Hindernisse multimedial miteinander kommunizieren.[2]

Multimedia besteht aber nicht nur aus Text, sondern beinhaltet auch Bilder, Animationen, Audio und Video, welche zu sehr großen Datenmengen bei der Übertragung führen können. Deshalb werden an die Netzwerke und die angegliederte Hardware besonders hohe Anforderungen gestellt, d.h. die multimedialen Daten müssen entsprechend der Realisationskriterien im Netzwerk übertragen werden.[3] Dabei ist der Aspekt der Echtzeit besonders zu berücksichtigen.[4]

3.4. Der Informationsfilter

Die Gesellschaft der neunziger Jahre ist zu einer Informationsgesellschaft geworden. Eine Flut von Informationen, welche sich zunehmend aggressiver und schneller entwickelt, wird uns täglich zur Verfügung gestellt. Der Mensch kann diese Informationsmenge nicht mehr aufnehmen und verarbeiten.[5] Multimedia eröffnet die Möglichkeit alle zur Verfügung gestellten Informationen aufzubereiten, d.h. frei nach persönlichen Wünschen sowie zu jeder Zeit zu differenzieren und auszuwählen.[6]

---

[1] Vgl. Müller, Wolfgang: a.a.O., S. 18
[2] Vgl. Börner, Wolfgang/ Schnellhardt, Günther: a.a.O., S. 18; Steinbrink, Bernd: a.a.O., S. 57
[3] Vgl. 5. Die Realisationskriterien, S. 11 ff.
[4] Vgl. Encarnação, José L./ Noll, Stefan/ Schiffer, Nobert: Multimedia und CSCW, in: Multimedia - Neue Anwendungen in der Telekommunikation, Arbeitsgemeinschaft VDE-Bezirksverein Frankfurt am Main vom 25.01. bis 15.02.1993, hrsg. v. Forst, H. J., Berlin/ Offenbach, 1993, S. 8
[5] Vgl. Kinnebrock, Wolfgang: a.a.O., S. 23 f.; Fickert, Thomas: Multimediales Lernen - Grundlagen, Konzepte, Technologien, Wiesbaden 1992, S. 6 u. S. 19 f.
[6] Vgl. Kaufmann, Wolfgang/ Müller, Jens: a.a.O., S. 24; Müller, Wolfgang: a.a.O., S. 18; Messina, Calogero: a.a.O., S. 237

4. Virtual Reality

Als Virtuelle Realität (VR) oder „Cyberspace" wird eine von Menschen mit Hilfe von Computern künstlich geschaffene Welt in einem Computer verstanden. Diese Welten sind dreidimensional aufgebaut und vermitteln dem Benutzer eine realistisch wirkende Scheinwelt. In einer VR-Umgebung werden alle uns bekannten Medien kombiniert und versucht, sämtliche menschliche Sinne anzusprechen. Der Cyberspace ist damit quasi Multimedia in höchst perfektionierter Form.[1]

Virtual Reality ermöglicht es, sich in der VR-Umgebung in Echtzeit frei zu bewegen, der Computer wird nicht mehr wahrgenommen, d.h. der Benutzer ist praktisch voll integriert. Die Interaktionsmöglichkeit beschränkt sich nicht auf eine bloße Auswahl, sondern bezieht multidimensionale Interaktionstechniken (Kopf-, Hand- und Körpergesten) mit ein.[2]

Die Darstellung der Computerwelt erfolgt meist über zwei kleine Monitore, die zusammen eine stereoskopische Darstellung ergeben, die dem natürlichen Sehfeld des Menschen entspricht.[3] Diese kleinen Bildschirme befinden sich in einem Helm, einer Spezialbrille (Eye Phone) oder den besonders komfortablen „i-glasses" (Vgl. Abb. 4). Alle Systeme registrieren die Kopfbewegungen des Benutzers über einen Head-Tracker und passen dementsprechend das Computerbild an.[4]

Abb. 4: Die „i-glasses" (Quelle:[5])

Um sich in einem solchen dreidimensionalen Raum bewegen zu können verwendet man einen Datenhandschuh (DataGlove), der über Sensoren im inneren des Handschuhs die Kommandos des Anwenders registriert und dem Computer mitteilt (Vgl. Abb. 5 u. 6).[6] Vielfach kommt auch eine sechsdimensionale Computermaus (Spaceball) zum Einsatz (Vgl. Abb.5). Eine Weiterentwicklung des DataGloves ist ein Datenanzug, DataSuit genannt, der die

---

[1] Vgl. Bullinger, Hans-Jörg, (Hrsg.)/ Bauer, Wilhelm: Strategische Dimensionen der Virtual Reality, in: Virtual Reality ´94 - Anwendungen und Trends, IPA/ IAO-Forum am 9. und 10. Februar 1994, hrsg. v. Warnecke, H.-J./ Bullinger, H.-J., Berlin/ Heidelberg/ New York/ London/ Paris/ Tokio/ Hongkong/ Barcelona 1994, S. 15
[2] Vgl. Astheimer, Peter, u.a.: a.a.O., S. 262 Astheimer, Peter, u.a.: Industrielle Anwendungen der Virtuellen Realität - Beispiele, Erfahrungen, Probleme & Zukunftsperspektiven, in: Virtual Reality ´94 - Anwendungen und Trends, IPA/ IAO-Forum am 9. Und 10. Ferbruar 1994, hrsg. v. Warnecke, H.-J./ Bullinger, H.-J-, Berlin/ Heidelberg/ New York/ London/ Paris/ Tokio/ Hongkong/ Barcelona 1994, S. 262
[3] Vgl. Schmenk, Andreas/ Wätjen, Andreas: a.a.O., S. 170 f.; Frater, Harald: Das große Buch zu Multimedia, Düsseldorf 1994, S. 536
[4] Vgl. o.V.: Einstieg in die Cyberspace-Welt, in: Darmstädter Echo, 51. JG., Samstag, 5. August 1995, Magazin, S. 2
[5] Sperlich, Tom: In den Startschuhen, in: c´t, o. JG., Nr. 8/95, August 1995, S. 58
[6] Vgl. Schmenk, Andreas/ Wätjen, Andreas: a.a.O., S. 170 f.; Wratil, Peter: Multimedia für Video und PC: Techniken und Einsatzmöglichkeiten, Haar bei München 1993, S. 21 ff.

Körperbewegungen in elektronische Signale umsetzt und so die Arbeit im dreidimensionalen Raum erleichtert.[1]

Abb. 5: Der Datenhandschuh und der Spaceball (Quelle:[2])

Abb. 6: Ein VR-Spiel mittels Datenhandschuh (Quelle:[3])

Die Cyberspacetechnologie wird derzeit bereits erfolgreich in Bereichen der Medizin, Forschung, Robotersteuerung, Flugzeugsimulation, Architektur, Städteplanung und des Marketing genutzt.[4]

Gegen den breiten Einsatz von VR in der Industrie sprechen allerdings die heute noch geringe Ergonomie der Hardware, das noch relativ schlechte Kosten- Nutzenverhältnis sowie fehlende Standards.[5] Außerdem ist noch sehr viel Entwicklungsarbeit notwendig, um Akustik, Gerüche, Berührungen und ähnliche Sinneswahrnehmungen realitätsnah in die Systeme einzubinden.[6]

5. Die Realisationskriterien

Das Ziel von Multimedia ist die interaktive Integration verschiedener Medien in einem Computersystem. Die Grundvoraussetzung hierfür ist, daß alle Medien in digitaler Form vorhanden sind und so im Computer verarbeitet werden können.[7]

Die folgenden Kriterien (Punkt 5.1. bis 5.4.) müssen von einem integrierten Multimediasystem in unterschiedlichem Maße erfüllt werden, damit dieses seiner Funktion bzw. Aufgabe gerecht wird. Einen festen Standard gibt es nicht, da die Anforderungen an ein multimediataugliches System weit gefächert sein können und daher die Realisationskriterien unterschiedlich gewichtet werden. Prinzipiell gilt jedoch der Grundsatz: Je leistungsfähiger ein multimediales System ist, desto besser.[8]

---

[1] Vgl. Frater, Harald: a.a.O., S. 536
[2] Niemeier, Uwe: „Perfekte Illusion": Astronauten trainieren mit Cyberspace im All, in: Darmstädter Echo, 51. JG., Montag, 9. Oktober 1995, S. 5
[3] IBM Deutschland Informationssysteme GmbH (Geschäftssegment Multimedia): Creative Multimedia Studios - die Synthese von Technik und Gestaltung, in: Multimedialösungen von IBM, eigene Publikation, 1995, S. 6
[4] Vgl. Schmenk, Andreas/ Wätjen, Andreas: a.a.O., S. 171 f.; Frater, Harald: a.a.O., S. 537 f.
[5] Vgl. Bullinger, Hans-Jörg, (Hrsg.)/ Bauer, Wilhelm: a.a.O., S. 16 f.
[6] Vgl. Rademacher, Rochus/ Maushart, Marie-Ann: Zwischen Fun und Funktionalität: Die Virtual-Reality-Technik wird erwachsen, in: Computer Zeitung, 26. JG., Nr. 9, Donnerstag, 2. März 1995, S. 6
[7] Vgl. o.V.: Multimedia verändert die Lernwelt, in: Personalwirtschaft - Zeitschrift für erfolgreiches Personalmanagement, Sonderheft „Weiterbildung" 1992, Kriftel 1992, S. 22
[8] Vgl. Schmenk, Andreas/ Wätjen, Andreas: a.a.O., S. 22

5.1. Der Durchsatz [1]

Unter Durchsatz versteht man die Menge an Daten, die in einer bestimmten Zeiteinheit in einem Computer von einer sendenden Stelle zu einer empfangenden Stelle übertragen werden kann. Die Messung des Datendurchsatzes kann dabei in Bits, KByte, MByte oder noch größeren Recheneinheiten pro Sekunde erfolgen.

Je mehr Daten gesendet werden sollen, desto größer muß auch der Datendurchsatz sein. Vor allem bei datenintensiven Programmen, wie Multimediaanwendungen, sind sehr hohe Durchsatzraten nötig. An den Computer bzw. seine Hardwareelemente werden damit hohe Ansprüche gestellt um die zeitlichen Restriktionen zu verringern. Durch den Einsatz sehr schneller Peripheriegeräte und Datenleitungen, besseren Bussystemen oder Controllern, läßt sich der Datendurchsatz erhöhen und ein verzögerungsfreier Ablauf gewährleisten.

5.2. Die Echtzeit

Unter Echtzeit oder Realzeit versteht man einen Datendurchsatz, der so hoch sein muß, daß er den zeitlichen Anforderungen der Datenübermittlung entspricht. Die Daten müssen, z.B. bei der Wiedergabe eines digitalisierten Videos, ohne eine wahrnehmbare Verzögerung übertragen werden. Zur Lösung dieses Problems sind spezielle Hardwareelemente und Softwareprodukte entwickelt worden.[2]

5.3. Die Synchronisation

Die Möglichkeit mehrere verschiedene Daten zeitlich aufeinander abgestimmt zu übertragen, bezeichnet man als Synchronisation. Im Bezug auf das obige Beispiel der digitalen Videoübertragung würde das bedeuten, daß das Videobild scheinbar parallel mit dem Audio-Ton übertragen wird. Erst das gesamte Video und dann das zugehörige Audiosignal zu übertragen oder umgekehrt würde wenig Sinn ergeben.[3]

In welchem Maße die Synchronisation der multimedialen Daten erfolgt, bestimmt die programmtechnische Wiedergabe sowie deren vorherige Speicherung und der Datendurchsatz.[4]

---

[1] Vgl. Steinmetz, Ralf: a.a.O., S. 3
[2] Vgl. Messina, Calogero: a.a.O., S. 24
[3] Vgl. Encarnação, José L/ Noll, Stefan/ Schiffer, Nobert: a.a.O., S. 7 f.; Steinmetz, Ralf: a.a.O., S. 3 u. S. 426 ff.;
[4] Vgl. Strass, Hermann: Massenspeicher optimal einsetzen: Festplatten, Streamer, CD-ROM, WORM, Halbleiterspeicher, Poing 1994, S. 214

5.4. Die Datenkompression

Die Datenkompression verringert die vorhandene Datenmenge um einen bestimmten Faktor, der von dem Verfahren und der Art der Komprimierung abhängig ist. Wesentlich für die Bestimmung der Kompressionsrate sind die Elemente Qualität und Zeit.[1] Verringerte Datenmengen lassen sich bei gleichem Datendurchsatz in einer kürzeren Zeit übertragen als die ursprüngliche Datenmenge. Für große Datenbestände, wie sie im Multimediabereich in Form von Video- und Audiosequenzen, Bildern oder Animationen anfallen, bedeutet dies einen komfortableren und schnelleren Programmablauf.[2] Die Darstellung von digitalisierten Videos und Musikstücken, die auch qualitativ höheren Ansprüchen genügt, wurde durch die Hard- und Softwaredatenkompression gerade erst ermöglicht. Im günstigsten Fall liegt durch die Datenkompression eine Echtzeitverarbeitung vor.[3]

6. Die Standards von Multimedia

Im Jahre 1989 entwickelten mehrere Hard- und Softwarehersteller, unter ihnen die Firma Mircosoft, in Zusammenarbeit einen Multimedia-Standard für Personal Computer. Der Standard enthält zum einen Angaben bezüglich des Umfangs an Komponenten, die in einem Multimediasystem enthalten sein müssen, zum anderen gibt er Auskunft über die Mindestleistungsfähigkeit des Systems.[4]

Hard- und Software	MPC-Level 1 - 1989 Mindestanforderungen an Hard- und Software
Prozessor	80286 mit 10 MHz Taktfrequenz
Arbeitsspeicher	2 MByte RAM
Diskettenlaufwerk	3 ½ Zoll mit 1,44 MByte
Festplatte	30 MByte
CD-ROM-Laufwerk	150 KByte/s Datentransferrate; Durchschnittliche Zugriffszeit unter einer Sekunde
Prozessorauslastung bei Datenübertragung vom CD-ROM-Laufwerk	Höchstauslastung 40 %, wenn 150 KByte vom CD-ROM-Laufwerk übertragen werden
Audio-Eigenschaften des CD-ROM-Laufwerkes	Unterstützung von Audio- und Mixed-Mode-CDs, Lautstärkeregler
Soundkarte	8-Bit-Soundkarte
Grafikkarte & Bildschirm	Auflösung 640 * 480 Pixel bei 16 Farben
Software	DOS 5.0 und Windows 3.0 mit Multimedia-Extension CD-ROM-Treiber
Sonstiges	IBM-kompatible Tastatur mit 101 Tasten, Maus mit zwei Schaltflächen, Parallele- und Serielle-Schnittstelle, Joystick-Anschluß, MIDI-Schnittstelle

Tabelle 1: Der MPC-Level 1 von 1989 (Quelle:[5])

[1] Vgl. Kiermeier, Michael: a.a.O., S. 153 f.
[2] Vgl. Steinbrink, Bernd: a.a.O., S. 24 ff. u. S. 230
[3] Vgl. Steinbrink, Bernd: a.a.O., S. 158
[4] Vgl. Börner, Wolfgang/ Schnellhardt, Günther: a.a.O., S. 69 f.; Ingenbleck, Werner: a.a.O., S. 23 f.; Thompson, Steven A./ Aleshire, Keith: a.a.O., S. 47
[5] Müller, Wolfgang: a.a.O., S. 187; Börner, Wolfgang/ Schnellhardt, Günther: a.a.O., S. 71 ff.

Der Multimedia-Personal-Computer-Standard ist als eine Art Gütesiegel zu verstehen.[1] Allerdings existiert keine Kontrollkommission oder Aufsichtsbehörde, die die Einhaltung der Standards überwacht sowie über die MPC-Tauglichkeit von Systemen entscheidet.[2] Die Einführung von MPC-Standards ist vor allem für die Anwender als besonders vorteilhaft zu sehen, denn Hard- und Software, die diesen Anforderungen entspricht, führt zu keinen Problemen während des Systembetriebes. So entstand der MPC-Standard von 1989 (Vgl. Tab. 1).

Die im MPC-Level 1 aufgeführten Mindestanforderungen konnten von jedem Hersteller erfüllt werden, denn sie entsprachen zu dieser Zeit dem technisch Möglichen. Bereits 1991 wurde der MPC-Level 1 der technischen Entwicklung angepaßt. An die Stelle des 80286 Prozessors mit 10 MHz trat ein 80386 SX-Prozessor, der mit 16 MHz getaktet wurde.[3]

Im Jahr 1993 folgte die nächste Änderung, in der die MPC-Spezifikation erneut der voranschreitenden Technik angepaßt wurde. Vor allem an einzelne Bestandteile der Multimedia-PCs wurden jetzt erhöhte Anforderungen gestellt. Neu hinzu kam die Bestimmung, Videos in einer bestimmten Auflösung darzustellen (Vgl. Tab. 2).[4]

Hard- und Software	MPC-Level 2 - 1993 Mindestanforderungen an Hard- und Software
• Prozessor	80486 SX mit 25 MHz Taktfrequenz
• Arbeitsspeicher	4 MByte RAM (empfohlen 8 MByte RAM)
• Diskettenlaufwerk	3 ½ Zoll mit 1,44 MByte
• Festplatte	160 MByte
• CD-ROM-Laufwerk	300 KByte/s Datentransferrate; Durchschnittliche Zugriffszeit 400 ms; XA- und Multisessionfähigkeit
• Prozessorauslastung bei Datenübertragung vom CD-ROM-Laufwerk	Höchstauslastung 40 %, wenn 150 KByte vom CD-ROM-Laufwerk übertragen werden, max. 60 % bei 300 KByte Übertragungsrate
• Audio-Eigenschaften des CD-ROM-Laufwerkes	Unterstützung von Audio- und Mixed-Mode-CDs, Lautstärkeregler
• Soundkarte	16-Bit-Soundkarte
• Grafikkarte & Bildschirm	Auflösung 640 * 480 Pixel bei 65.536 Farben, Videoauflösung 320 * 240 Pixel bei 256 Fraben und 15 Frames pro Sekunde
• Software	DOS 5.0 und Windows 3.0 mit Multimedia-Extension CD-ROM-Treiber
• Sonstiges	IBM-kompatible Tastatur mit 101 Tasten, Maus mit zwei Schaltflächen, Parallele- und Serielle-Schnittstelle, Joystick-Anschluß, MIDI-Schnittstelle

Tabelle 2: Der MPC-Level 2 von 1993 (Quelle:[5])

Im Zuge der Festschreibung von MPC-Standards wurde auch ein Standard für Soundkarten geschaffen.[6] Zu den Anforderungen zählt unter anderem, daß die Soundkarte MIDI-kompatibel ist und einen dafür vorgesehenen Anschluß besitzt. MIDI (Musical Instrument

[1] Vgl. Schmenk, Andreas/ Wätjen, Andreas: a.a.O., S. 21
[2] Vgl. Börner, Wolfgang/ Schnellhardt, Günther: a.a.O., S. 70
[3] Vgl. Ingenbleck, Werner: a.a.O., S. 25 f.; Thompson, Steven A./ Aleshire, Keith: a.a.O., S. 48; Kiermeier, Michael: a.a.O., 25 ff.
[4] Vgl. Rougé, Daniel: Faszination Multimedia, 1. Auflage, Düsseldorf 1994, S. 11; Thompson, Steven A./ Aleshire, Keith: a.a.O., S. 48
[5] Hahn, Harald: a.a.O., S. 117
[6] Vgl. Hahn, Harald: a.a.O., Abb. 77, S. 143; Börner, Wolfgang/ Schnellhardt, Günther: a.a.O., S. 107 f.

Digital Interface) ist ein allgemeiner Standard im Bereich der elektronischen Musik. Er kennzeichnet standardisierte Hardware-Schnittstellen und teilweise Dateiformate.[1]

Ferner muß die Karte einen Mikrofoneingang, einen eigenen Verstärker und einen Audio-Mixer besitzen, mit dem sich verschiedene Soundquellen beliebig mischen lassen. Außerdem muß bei einer 8 Bit Auflösung eine Samplingrate von 22,05 kHz gewährleistet sein. Empfohlen wird allerdings eine Auflösung von 16 Bit bei einer Sampling-Rate von 44,1 kHz, zusätzlich darf der Prozessor nur zu 15 % ausgelastet sein.[2]

Mitte des Jahres 1995 einigte sich die Multimedia PC Working Group auf den MPC- Level 3. Gegenüber dem Level 2 wurden die Anforderungen ein weiteres Mal sehr stark heraufgesetzt. So muß ein MPC entsprechend dem neuen Level 3 digitale Videos nach dem MPEG-I-Standard decodieren können, das CD-ROM-Laufwerk etwa 600 KByte/s (Quadspeed) als Datentransferrate erreichen und bei der Soundunterstützung die Wavetablesynthese vornehmen können. Als Hauptprozessor dient in der Mindestanforderung eine Pentium-CPU mit 75 MHz Taktfrequenz.[3]

---

[1] Vgl. Spanik, Christian/ Rügheimer, Hannes: a.a.O., S. 203
[2] Vgl. Hahn, Harald: a.a.O., S. 125
[3] Vgl. o.V.: Multimedia-PC: Neue Definition ist fertig, in: Computerwoche, 22. JG., Nr. 30, 28.Juli 1995, S. 24; o.V.: Multimedia - Scheinwelt aus dem PC, in: Stiftung Warentest, o. JG., Nr. 10/95, Oktober 1995, S. 42 f.

III. Die Entwicklung und die Märkte von Multimedia

1. Der technische Fortschritt über wenige Jahre [1]

Der Hardwaremarkt für Personalcomputer hat sich in den letzten drei Jahren rasant entwickelt. Vor ein paar Jahren bekam man, was Leistung und Qualität betrifft, einen „echten 486" nur bei IBM. Heute kann man sich beim Computerhändler um die Ecke, Direktversender oder Computerdiscounter (z.B. Vobis oder Escom) seinen Pentium nach dem Baukastenprinzip zusammenstellen lassen. Mit etwas technischem Verständnis und Know-how ist der Zusammenbau, dank modularer Bauweise des PCs, auch in Heimarbeit von jedem selbst zu erledigen.

IBM hat seine Führungsposition als weltgrößter PC-Hersteller abgegeben, diese Stellung nimmt seit Anfang 1995 die Firma Compaq ein. Das Unternehmen verkaufte 1994 weltweit 4,83 Millionen PC und lief damit IBM den ersten Rang ab (Vgl. Abb. 7).

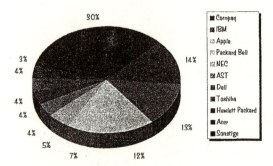

Abb. 7: Die Marktanteile der größten PC-Hersteller 1994 (Quelle:[2])

Früher orientierte man sich bei der Entwicklung von Softwareprodukten an der vorhandenen Hardware. Durch den ständig steigenden Bedarf an benutzerfreundlicher Software hat sich der Prozeß umgekehrt, d.h. heute diktiert die Software, welche Hardware vorhanden sein muß, damit eine Applikation ohne Probleme funktioniert. Hinzu kommt der Trend zu Multimedia mit der die zu verarbeitenden Datenmengen noch größer werden. Das Betriebssystem DOS von Microsoft hat ausgedient, selbst Windows ist in die Jahre gekommen. Die Struktur moderner Prozessoren und Bussysteme benötigt ein modernes 32-Bit-Betriebssystem wie OS/2 von IBM, Windows NT oder Windows '95 von Microsoft.

[1] Vgl. o.V.: Spezial zur CeBit´95 Hannover, in: DM, 35. JG., Nr. 3/95, März 1995, S. 83-99; Bäurle, Robert/ Wasem-Gutensohn, Jürgen: Highlights ´95 und Prognosen ´96: Das ändert sich 1996, in: DOS-International, o. JG., Nr. 1/96, Januar 1996, S. 65-67; o.V.: Multimedia - Shopping-Spickzettel, in: DOS-International, o. JG., Nr. 2/96, Februar 1996, S. 46-48
[2] o.V.: Spezial zur CeBit´95 Hannover, a.a.O., S. 98

1992 war der „486" das Flaggschiff der Chipflotte des Marktführers Intel. Bereits 1993 folgte der Pentium und stieß aufgrund seiner Prozessorstruktur in neue Dimensionen vor. Der Nachfolger des Pentium, der Pentium Pro, war Ende 1995 erhältlich. Heute gilt ein „386" als rückständig, ein „486" wird in einem Jahr vom Markt nahezu verschwunden sein und der Pentium als Standardprozessor gelten. Für 1996 hat Intel weitere Pentium- sowie Pentium Pro-Prozessoren mit noch höheren Rechenleistungen angekündigt.

Eine ähnlich schnelle technische Entwicklung, wie bei den CPUs, vollzog sich auch bei der gesamten restlichen Hardware, besonders stark waren hiervon CD-ROM-Laufwerke, Festplatten, Grafik- und Soundkarten betroffen. Diese Weiterentwicklung in nahezu jedem Bereich der Computerbranche und der Kampf der Hersteller um Marktanteile führte vorwiegend in den letzten zwei Jahren zu einem rapiden Preisverfall der gesamten Computer-Hardware.

Ein PC mit einem Pentiumprozessor (Taktfrequenz 60 MHz) kostete 1993 im europaweiten Schnitt 9.100,-- DM. 1995 konnte ein Anbieter gerade noch 3.000,-- DM für ein vergleichbares System mit einem 90 MHz-Prozessor verlangen. Prognosen für 1996 sehen den Preis für ein noch leistungsfähigeres System bei unter 2.500,-- DM (Vgl. Abb. 8).

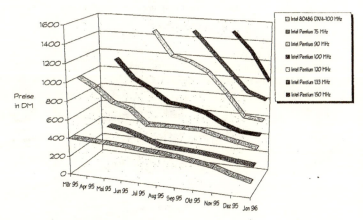

Abb. 8: Die Preisentwicklung der Intel-Prozessoren 1995/1996 (Quelle:[1])

War ein Single-Speed-CD-ROM-Laufwerk 1992 für den Heimanwender noch unerschwinglich, so kann man 1996 für ca. 270,-- DM ein Laufwerk mit vierfacher Geschwindigkeit erwerben. Im Januar 1995 mußte man für eine 1 GByte-Festplatte

[1] Eigene Abb., Zahlenmaterial entnommen aus: Atelco GmbH: Verkaufsprospekt, eigene Publikation, Ausgabe Nr. 5 (02.März 1995) bis Nr. 2 (18.Januar 1996); ComTech GmbH: Verkaufsprospekt, eigene Publikation, Ausgabe Nr. 5/1995 bis Nr. 24/1995; MD Hard- und Softwarevertrieb: Verkaufsanzeige, in: PC Direkt, o. JG., Nr. 8/95 (August 1995) bis Nr. 1/96 (Januar 1996)

durchschnittlich noch über 1.200,-- DM zahlen, 12 Monate später hatte sich der Preis mehr als halbiert (Vgl. Abb. 9).

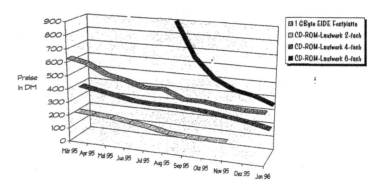

Abb. 9: Die Preisentwicklung der Festplatten und der CD-ROM-Laufwerke 1995/1996 (Quelle:[1])

Nahezu unverändert war die Preisentwicklung bei Grafik- und Soundkarten. Zurückzuführen ist dies auf eine ständige technische Verbesserung der jeweiligen Produkte (Vgl. Abb. 10). So wurden bei den Grafikkarten die Bildwiederholfrequenz oder die Grafik- und Videofähigkeit durch neue Chips und bei den Soundkarten die Klangqualität für die Aufnahme und Wiedergabe verbessert.

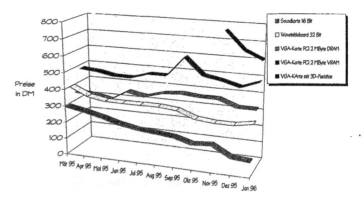

Abb. 10: Die Preisentwicklung bei Grafik- und Soundkarten 1995/1996 (Quelle:[2])

Zusammenfassend kann man feststellen, daß nach der Markteinführung eines neuen Produktes, in den letzten und vor allem im vergangenen Jahr, im Regelfall sehr schnell Preissenkungen

---

[1] Eigene Abb., Zahlenmaterial entnommen aus: Atelco GmbH: a.a.O.; ComTech GmbH: a.a.O.; MD Hard- und Softwarevertrieb: a.a.O.
[2] Eigene Abb., Zahlenmaterial entnommen aus: Atelco GmbH: a.a.O.; ComTech GmbH: a.a.O.; MD Hard- und Softwarevertrieb: a.a.O.

folgten. Diese waren insbesondere von der Kundennachfrage und dem Konkurrenzkampf der Produzenten untereinander abhängig (Vgl. Abb. 8 bis Abb. 10).

Die Preise von Produkten, deren Hersteller eine Marktführerposition besitzen, z.B. für Soundkarten und Wavetableboards der Firma Creative Labs, blieben dagegen im Verlauf des Jahres 1995 relativ stabil.

Die Technologieentwicklung im Bereich der Computerhardware ist beachtlich. Was heute als modern und fortschrittlich angesehen wird ist wahrscheinlich schon in zwei Jahren veraltet. Der Markt für Hardwareprodukte, der diesem technischen Wandel unterliegt, gehört deshalb zu den schnelllebigsten unserer Wirtschaft. Nur Innovationen sichern den in diesen Bereichen tätigen Unternehmen ein Vorankommen, d.h. einen kleinen Vorsprung vor der Konkurrenz und den Gewinn von Marktanteilen.

2. Die schnelle Verbreitung von Multimedia am Markt

Gründe für die rasche Entfaltung und Popularität von Multimedia sind zum einen die „alten" Medien (Fernsehn, Hörfunk, Print), die stetig weiterentwickelt wurden. Zum anderen haben die rasch fallenden Preise im Computer- und Unterhaltungselektronik-Bereich zur schnellen Verbreitung der „neuen" Medien (Computer, digitales Video, Btx, Bildtelefon, etc.) geführt.[1] Die Ansprüche von Multimedia an die jeweilige Computer-Hardware sind obendrein nicht gering und so haben viele Benutzer entsprechend dem Modetrend „Multimedia" ihre alten Systeme aufgerüstet oder neue erworben. Multimedia konnte so in relativ kurzer Zeit dem eng umkämpften Markt der EDV neue Impulse verleihen und für eine Wiederbelebung des Absatzes sorgen.[2]

Der Boom von Multimedia und der CD-ROM ist auf die zeitgleiche Existenz beider Medien zurückzuführen, ohne CD-ROM kein Multimedia und umgekehrt.[3] 1994 wurden 53,9 Millionen Multimedia-CD-ROMs, wie Spiele, Nachschlagewerke, Anwendungen oder Lernsoftware am Markt abgesetzt, das entspricht einer Steigerung von ca. 227 % gegenüber 1993.[4]

---

[1] Vgl. Wratil, Peter: a.a.O., S. 16
[2] Vgl. Hitzges, Arno, u.a.: Chancen und Risiken von interaktiven Multimediasystemen in der betrieblichen Aus- und Weiterbildung, in: Forschungsbericht Technikfolgenforschung (Bundesministerium für Forschung und Technologie), Stuttgart 1994, S. 54; Nicklas, Michael: PCs selbstgebaut - Aufbau, Erweiterung und Wartung, 2. Auflage, Aachen 1994, S. 218
[3] Vgl. Börner, Wolfgang/ Schnellhardt, Günther: a.a.O., S. 95; Malzbender, Hildegard: Multimedia: Wissenswertes über die Themen Audio- und Photo CD, Midi- und Wave-Standard, Videokarten und deren Einbau, VR und Animation, Düsseldorf 1994, S. 30
[4] Vgl. o.V.: Multimedia-CDs sind der große Renner, in: Computer Zeitung, 26. JG., Nr. 14, Donnerstag, 6. April 1995, S. 11

Allgemein läßt sich ein großes Interesse am Thema Multimedia verzeichnen, privat wie beruflich. Die in der Vergangenheit stets getrennten Industrien Telekommunikation, Medien und Datenverarbeitung verwachsen mehr und mehr miteinander.[1] Durch die Entwicklung innovativer Hardware und Techniken entstehen neue Anwendungsgebiete, d.h. Multimedia wird immer universeller einsetzbar, viele unterschiedliche Systeme werden verbunden.[2] Besondere Bedeutung kommt hierbei auch dem Bereich Kommunikation zu, der sich in den letzten Jahren rasant entwickelte. Durch Telefon, Glasfaserkabel und Satelliten wird eine interaktive Kommunikation nahezu ohne räumliche Grenzen möglich.[3]

Aus dem gewöhnlichen PC wird durch Multimedia ein universell einsetzbares System geschaffen, mit dem sich ansehnlich Produktivitätssteigerungen und eine höhere Benutzerfreundlichkeit erzielen lassen. Fachleute, die gesamte Hard- und Softwarebranche und große Unternehmen haben diese Vorzüge erkannt und drängen nach deren Realisierung.[4]

3. Der Multimediamarkt

Bei der Erschließung des Multimediamarktes gehen die Computer- und Unterhaltungsindustrie unterschiedliche Wege. Die Unterhaltungsindustrie, vornehmlich vertreten durch Firmen wie Philips, Sony oder Motorola, sieht das Fernsehgerät als das ideale Produkt Multimedia zu vermarkten. Das Fernsehgerät soll mit Hilfe von zusätzlichen Geräten wie CD-I zum multimedialen Medium ausgebaut werden.[5]

Abb. 11: Multimedia zu Hause (Quelle:[6])

Ausgangspunkt hierfür ist die Tatsache, daß der Umgang mit dem Fernsehgerät jedem vertraut ist und sich ein solches in fast jedem Haushalt befindet. Die künftigen Multimediakunden

[1] Vgl. Glowalla, Ulrich/ Schoop, Eric: Multimedia: Technische Grundlagen, beispielhafte Anwendungen und Potentiale für die Informationsgesellschaft, in: „Deutscher Multimedia Kongreß '95 - Auffahrt zum Information Highway", hrsg. v. Glowalla, U., Berlin/ Heidelberg 1995, S. 11 f.
[2] Vgl. Kaufmann, Wolfgang/ Müller, Jens: a.a.O., S. 28
[3] Vgl. Wratil, Peter: a.a.O., S. 16
[4] Vgl. Kaufmann, Wolfgang/ Müller, Jens: a.a.O., S. 13
[5] Vgl. Müller, Armin: Multimedia-PC - Ein Navigator durch die Multimediawelt, Braunschweig/ Wiesbaden 1993, S. 44; Steinbrink, Bernd: a.a.O., S. 27 f.; Ingenbleck, Werner: a.a.O., S. 76
[6] Müller, Ralf: Olivetti Envision, in: PC Direkt, o. JG., Nr. 12/95, Dezember 1995, S. 142

brauchen nur ein Zusatzgerät zu erwerben, welches mit dem Fernsehapparat verbunden wird (Vgl. Abb. 11).[1] Nachteilig wirkt sich jedoch die mangelnde Speicherungsmöglichkeit von Daten aus, denn die eingesetzten Medien lassen sich nur lesen. Preislich befinden sich solche Geräte in einer Größenordnung, die auch für den kleineren Geldbeutel erschwinglich ist.[2]

Die Computerindustrie, allen voran die Branchenriesen IBM, Microsoft, Apple und Intel, setzten auf den Personal Computer als Plattform für Multimedia (Vgl. Abb. 12).[3] Weltweite Zielgruppe sind dabei die PC-Anwender, die ihren Personal Computer privat oder beruflich nutzen. In der BRD befindet sich z.B. an jedem zweiten Arbeitsplatz und in jedem dritten Haushalt ein PC.[4]

Der Vorteil der flexiblen Anwendung verschiedener Medien mit einem PC sowie die Möglichkeit eine Datenspeicherung oder -änderung vorzunehmen, spricht für den Einsatz des Personal Computers. Dieser wird durch den Einbau verschiedener Hardwarebausteine zu einem multimedialen Arbeits-, Informations-, Kommunikations-, Spiel-, und Lerngerät.[5]

Abb. 12: Die Multimedia-PCs (Quelle:[6])

Preislich ist die Neuanschaffung einer multimedialen PC-Lösung eher im oberen Preisegment angeordnet und damit nicht für jedermann möglich. Einen vorhandenen PC mittels Upgrade Kits, welche z.B. CD-ROM-Laufwerk, Soundkarte und Lautsprecher beinhalten, auf einen MPC umzurüsten ist dagegen viel günstiger.[7]

Aus diesen Aussagen lassen sich für Multimedia drei wesentliche Marktfelder ableiten, welche jeweils On- und Offline geprägt sein können. Online bedeutet hier eine Anbindung an ein schmal- oder breitbandiges Kommunikationsnetz, Offline hingegen die Verwendung von CD-ROM oder CD-I und ähnlichen Medien.[8]

---

[1] Vgl. Ingenbleck, Werner: a.a.O., S. 75
[2] Vgl. Börner, Wolfgang/ Schnellhardt, Günther: a.a.O., S. 32
[3] Vgl. Steinbrink, Bernd: a.a.O., S. 28 f.
[4] Vgl. Malzbender, Hildegard: Multimedia: a.a.O., S. 9
[5] Vgl. Ferguson, Charles H./ Morris, Charles R.: Computerschlachten - Überlebensstrategien in der weltweit wichtigsten Industrie, Frankfurt am Main/ New York 1994, S 199 f.; Börner, Wolfgang/ Schnellhardt, Günther: a.a.O., S. 31
[6] o.V.: Multimedia-PC's - Teures Spielzeug, in: Stiftung Warentest, o. JG., Nr. 10/95, Oktober 1995, S. 46
[7] Vgl Ingenbleck, Werner: a.a.O., S. 190; Fickert, Thomas: a.a.O., S. 88; Müller, Armin: a.a.O., S. 50
[8] Vgl. Middelhoff, Thomas: Perspektiven der Multimedia-Industrie, in: „Deutscher Multimedia Kongreß '95 - Auffahrt zum Information Highway", hrsg. v. Glowalla, U., Berlin/ Heidelberg 1995, S. 52

3.1. Publishing-Multimedia

Publishing-Multimedia richtet sich an jene Personen, die mit der Technik eines herkömmlichen Computers nichts anfangen können, d.h. denen das Know-how bzw. das Interesse fehlt oder der Preis eines Multimedia-PCs zu hoch erscheint.[1]

Abb. 13: Der Philips CD-I und das Fernsehgerät ML29-826C (Quelle:[2])

Mittels spezieller Abspielgeräte, die mit dem Fernsehapparat verbunden sind, können die interaktiven Medien sehr einfach genutzt werden (Vgl. Abb. 13). Verglichen mit Multimedia-PCs, sind die Anwendungsmöglichkeiten bei solchen Geräten jedoch begrenzt. Man bezeichnet dieses Marktsegment auch mit Consumer-Markt.[3]

3.2. Do-it-yourself Mutimedia - Der Multimedia-PC

Um interaktive Programme, Kommunikationsnetze oder Online-Dienste zu nutzen setzt der Anwender die jeweils erforderliche Technik und Software in einem MPC ein. Der vorhandene Rechner kann unter bestimmten Bedingungen weiter genutzt werden.[4] Seit einiger Zeit sind sogar komplett ausgestattete Multimedia-PCs im Handel erhältlich, so wird Kunden ohne Computer-Know-how der multimediale Einstieg ebenfalls ermöglicht (Vgl. Abb. 14).[5]

Abb. 14: Der Siemens FD-MPC (Quelle:[6])

Firmen wie Olivetti oder Siemens versuchen durch ein ausgefallenes Design und eine sehr leichte Bedienung, Kunden aus dem Consumer-Bereich zu gewinnen (Vgl. Abb. 15 u. Abb. 16).

[1] Vgl. Kiermeier, Michael: a.a.O., S. 169
[2] Philips Consumer Electronics: Philips Sound & Vision, Verkaufsprospekt, eigene Publikation, S. 4 u. S. 8
[3] Vgl. Müller, Wolfgang: a.a.O., S. 15; Steinbrink, Bernd: a.a.O., S. 23 u. S. 27 f.
[4] Vgl. Müller, Wolfgang: a.a.O., S. 14 f.
[5] Vgl. Steinbrink, Bernd: a.a.O., S. 28 f.
[6] Müller, Ralf: Von CD, SD und PC, in: PC Direkt, o. JG., Nr. 12/95, Dezember 1995, S. 13

Äußerlich gleicht z.B. der Envision P75 eher einem Videorecorder oder CD-Player, in Wirklichkeit ist es aber ein vollwertiger IBM-kompatibler MPC.[1]

Abb. 15: Der Olivetti Envision (Quelle:[2])

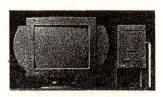

Abb. 16: Der Siemens Scenic PT im Frog Design (Quelle:[3])

3.3. Business- und Communications-Multimedia [4]

Dieser Bereich ist für die Unternehmen und Behörden gedacht, die multimedial über Netzwerke kommunizieren und Arbeitsvorgänge komplett in den Computer verlegen wollen. Grundlage für solche Multimediasysteme sind ebenfalls MPCs (Vgl. Abb. 17).

Abb. 17: Der Multimediaarbeitsplatz (Quelle:[5])

Allerdings werden an diese, im Vergleich zum privaten Einsatz, höhere Anforderungen bezüglich der Realisationskriterien gestellt. Ziel ist es, die bestehenden Multimediafähigkeiten sinnvoll und effektiv zu nutzen um so die Arbeitsproduktivität zu erhöhen.

---

[1] Vgl. Poschmann, Alfred: Für die gute Stube: Der Olivetti Envision P75, in: DOS-International, o. JG., Nr. 1/96, Januar 1996, S. 232
[2] Helmiss, Andreas/ Regnet-Seebode, Renate: Multimedia-PC, in: PC WELT, o. JG., Nr. 11/95, November 1995, S. 144
[3] Siemens Nixdorf: Scenic - Das Multimedium, in: PC GO!, o. JG., Nr. 11/95, November 1995, S. 43
[4] Vgl. Thompson, Steven A./ Aleshire, Keith: a.a.O., S. 32; Müller, Wolfgang: a.a.O., S. 15; Steinbrink, Bernd: a.a.O., S. 23
[5] Olivetti: PCC - Personal Communication Computers, Verkaufsprospekt, eigene Publikation, 1995

IV. Die Multimedia-Technologie

1. Die Differenzierung der Hardware

Es gibt zwei wesentliche Richtungen von Multimedia. CD-I, 3DO und CD^{32} auf der einen und die PC-Lösung auf der anderen Seite, die bereits beide im vorherigen Kapitel dargestellt wurden.

PC-Hersteller, wie die Firma Apple oder Atari, vermarkten ein eigenes Konzept, das aufgrund der in den Rechnern eingesetzten Prozessoren von Motorola zum IBM-Standard nicht oder nur bedingt kompatibel ist. In diesem Abschnitt wird, neben CD-I, 3DO und CD^{32}, vor allem auf die Multimediakomponenten der Personal Computer nach dem IBM-Standard eingegangen. Der Grund dafür ist die Tatsache, daß sich IBM-kompatible PCs in kürzester Zeit im Heimanwender- und Profibereich etabliert haben und die Anwenderzahl stetig wächst.[1]

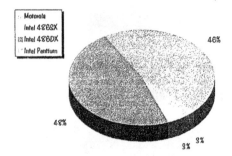

Abb. 18: Die Chip-Verkäufe (2. Quartal 1995) in der BRD (Quelle:[2])

Besonders deutlich wird dies bei der Betrachtung der obigen Grafik, die den Verkauf von CPUs in der BRD im 2. Quartal 1995 widerspiegelt. Danach entfällt auf die Gruppe der IBM-kompatiblen PCs ein Marktanteil von rund 97 %. (Vgl. Abb. 18).

2. Die Hardware multimedialer Computersysteme

Der gesamten im Bereich von Multimedia eingesetzten Computerhardware kommt eine besondere Bedeutung zu. Prinzipiell läßt sich sagen, je leistungsfähiger diese und damit der MPC ist, desto komfortabler bzw. besser werden die Arbeit mit dem System und die

---

[1] Vgl. Abb. 7: Die Marktanteile der größten PC-Hersteller 1994, S. 16; Fickert, Thomas: a.a.O., S. 89 f.
[2] Bischoff, Roland: Prozessoren: Der 386er ist tot, in: DOS-International, o. JG., Nr. 12/95, Dezember 1995, S. 9

Ergebnisse sein.[1] Neben den gängigen Hardwarebauteilen eines Computers werden spezielle Elemente für Audio, Video, Kommunikation und die Datenspeicherung benötigt. Ziel ist es, die verschiedenen akustischen und visuellen Medien sowie die dafür notwendigen Ein- bzw. Ausgabegeräte im Computer zu integrieren (Vgl. Abb. 19).[2]

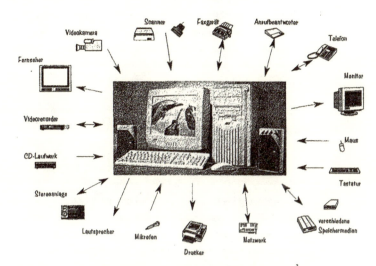

Abb. 19: Die üblichen Ein- bzw. Ausgabegeräte eines MPCs (Quelle:[3])

2.1. Das Motherboard und die Chipspeicher

Wichtigster Teil eines Computers ist die Hauptplatine (Motherboard). Auf dieser sind unter anderem die CPU, das BIOS, das RAM, der Cache-Speicher, das Bussystem und der Controller untergebracht.[4] Es sind aber noch Erweiterungen wie z.B. Grafik-, Video- und Soundkarte, Festplatte, CD-ROM-Laufwerk, Tastatur oder Bildschirm nötig, damit ein benutzerfreundliches bzw. multimediales Arbeiten möglich wird. Je nach Art der Erweiterung werden z.B. zusätzliche Karten in die dafür vorgesehenen Steckplätze (Slots) des Motherboards eingesteckt, Festplatten mit dem Controller über ein Kabel verbunden oder die Maus an die serielle Schnittstelle angeschlossen. Die Anzahl der Slots eines Motherboards ist von besonderer Bedeutung, da diese die Erweiterungsmöglichkeiten des MPCs bestimmt.[5] Die Motherboards

---

[1] Vgl. Spanik, Christian/ Rügheimer, Hannes: a.a.O., S. 48
[2] Vgl. Fickert, Thomas: a.a.O., S. 77; Encarnação, José L/ Noll, Stefan/ Schiffer, Norbert: a.a.O., S. 7
[3] Vgl. Eigene Abb.; Müller, Armin: a.a.O., S. 1
[4] Vgl. Thompson, Steven A/ Aleshire, Keith: a.a.O., S. 34
[5] Vgl. Rode, Hans-Jürgen: Das PC-Hardware Einmaleins, hrsg. v. Haselier, R/ Fahnenstich, K., Bonn/München/Paris 1994, S. 14 f.; Nicklas, Michael: a.a.O., S. 55 u. S. 63; Abb. 20: Das Motherboard (Gigabyte GA586 ATP), Anhang S. 113

lassen sich hinsichtlich ihres Bussystems, der einsetzbaren Prozessoren, Speicherbausteine, BIOS und des verwendeten Steuerungschipsatzes unterscheiden.[1]

Der Haupt- oder Arbeitsspeicher (RAM) eines MPCs sollte im Hinblick auf die speicherintensive Software und eine komfortable zügige Arbeit minimal 16 MByte betragen, besser wären 32 MByte oder mehr. Die Art des Hauptspeichers (PM-DRAM oder EDO) ist für die Gesamtleistung weniger von Bedeutung. Wesentlich wichtiger dagegen die Art und Größe des Zwischenspeichers (Cache-Speicher). Weniger als 256 KByte synchronen Cache führen z.B. bei einem Pentiumprozessor zu einem verzögerten internen Arbeitsablauf und mindern die Gesamtleistung des Systems erheblich.[2]

2.2. Die Prozessoren

Der Hauptprozessor, auch CPU (Central Processing Unit) genannt, ist das Herzstück eines PCs. Die CPU übernimmt die Interpretation sowie die Ausführung sämtlicher Programmbefehle und steuert die Arbeitsschritte im Rechner.[3] Wieviele Befehle die CPU in einer zyklisch aufeinanderfolgenden Zeitspanne verarbeitet, wird durch die Taktfrequenz in Megahertz bestimmt.[4] Der Prozessortyp, die Taktfrequenz sowie die Busbreite sind die Kennzeichen einer CPU.[5] Sie weisen auf die Eigenschaften und die Leistungsfähigkeit des jeweiligen Prozessors hin.[6]

2.2.1. Die Prozessorfamilie von Intel

Weltgrößter Chiphersteller ist die Firma Intel in den Vereinigten Staaten, über 80 % aller verkauften PCs besitzen eine Intel-CPU.[7] Sehr viele Innovationen der vergangenen Jahre im Bereich der Chipherstellung gehen auf Intel zurück.[8] Die Leistungsdaten der von Intel entwickelten Prozessoren variieren sehr stark, so wurde die Rechenleistung in den vergangenen 6 Jahren mehr als verzwölffacht.[9]

---

[1] Vgl. Tornsdorf, H./ Tornsdorf, M.: Das große Personal Computer Buch, Ausgabe ´91, 1. Auflage, Düsseldorf 1990, S. 16 f.; Schnurer, Georg: Grundlegend: das Motherboard, in: c´t, Magazin für Computer Technik, o. JG., Nr. 12/95, Dezember 1995, S. 144 f.
[2] Vgl. Huttel, Klaus Peter: Praxisbuch Hardware: PC und Peripherie verstehen, 1. Auflage, München 1994, S. 24; Petrowsky, Hans: Multimedia-PC selbstgebaut, Aachen 1994, S. 47; Schmenk, Andreas/ Wätjen, Andreas: a.a.O., S. 24; Schnurer, Georg: a.a.O., S. 144 f.; Rode, Hans-Jürgen: a.a.O., S. 93 f.
[3] Vgl. Huttel, Klaus Peter: a.a.O., S. 45; Nicklas, Michael: a.a.O., S. 55
[4] Vgl. Ingenbleck, Werner: a.a.O., S. 35; Petrowsky, Hans: a.a.O., S. 41
[5] Vgl. Thompson, Steven A./ Aleshire, Keith: a.a.O., S. 61 f.
[6] Vgl. Kotzsch, Roman: Benutzerhandbuch Highscreen Personal Computer, Version 1.0, Würselen 1992, S. 3–8; Tornsdorf, H./ Tornsdorf, M.: a.a.O., S. 15; Nicklas, Michael: a.a.O., S. 56 f.
[7] Vgl. Abb. 18: Die Chip-Verkäufe (2. Quartal 1995) in der BRD, S. 23
[8] Vgl. Huttel, Klaus Peter: a.a.O., S. 23
[9] Vgl. Tab. 3: Die Leistungsdaten der Intel-Chip-Familie, Anhang S. 113

Seit geraumer Zeit bekommt der Chipgigant jedoch Konkurrenz. Unternehmen wie AMD, Cyrix und NexGen klonen die Intel-Prozessoren und bieten diese zu niedrigeren Preisen am Markt an.[1] Konkurrenz belebt bekanntlich das Geschäft, so daß die Preise für 80486 Prozessoren 1994 und für Pentiumprozessoren ab 1995 sehr schnell sunken.[2]

Die Einsatzgebiete der Intelprozessoren sind sehr vielseitig. Für den Benutzer ist es wichtig zu wissen, für welche Aufgaben er den Rechner nutzen möchte. Unter der graphischen Benutzeroberfläche Windows erreicht so mancher 486er im Grafik- und Videobereich schon lange nicht mehr die gewünschte Leistung. Im Bereich Multimedia bietet sich deshalb der Pentiumprozessor mit seiner superscalaren Architektur, dem 64-Bit-Datenbus und hohen Taktfrequenzen besonders an (Vgl. Abb. 21).[3]

Abb. 21.: Der Leistungsvergleich der Intel-CPUs nach dem iCOMP Index (Quelle:[4])

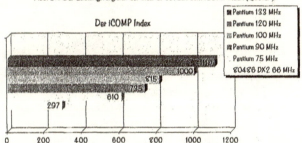

Der Nachfolger des Pentium, der Pentium Pro (P6), ist bereits auf dem Markt. Dieser ist vorerst nur für den Einsatz im Highendbereich unter echten 32-Bit-Betriebssystemen gedacht. Intel plant für die folgenden Jahre die Produktionszyklen der CPUs weiter zu verkürzen. Die Verbraucher können sich darauf einstellen alle zwei Jahre eine neue Chipgeneration präsentiert zu bekommen.[5]

2.2.2. Die Prozessoren der Firma DEC

Bei dem von der Firma DEC entwickelten Prozessor handelt es sich um einen Hochleistungschip namens Alpha, der auf einer 64-Bit-RISC-Architektur aufbaut. Ein RISC (Reduced Instruktion Set Computer) Befehlssatz besteht im Vergleich zum Befehlssatz eines 80486 oder Pentium-Prozessors aus kürzeren und einer geringern Anzahl von Befehlen.[6]

---

[1] Vgl. Rode, Hans-Jürgen: a.a.O., S. 43 f.; Nicklas, Michael: a.a.O., S. 57
[2] Vgl. Ferguson, Charles H./ Morris, Charles R.: a.a.O., S. 134
[3] Vgl. Thompson, Steven A./ Aleshire, Keith: a.a.O., S. 67 f.
[4] Intel Corporation: Mehr Leistung- viel Erfolg, Verkaufsprospekt, eigene Publikation, 1995, letzte Seite
[5] Vgl. Schmid, Willibald: Der Pentium-Pro ist kein Chip für den PC-Massenmarkt, in: Computer Zeitung, 26. JG., Nr. 42, Donnerstag, 19. Oktober 1995, S. 5
[6] Vgl. Rode, Hans-Jürgen: a.a.O., S. 47

Durch die etwas andere Architektur und den RISC-Befehlssatz können die Taktfrequenzen dieser Chips sehr hoch ausgelegt werden, so wird der Alpha 21066 mit 200 MHz getaktet. Um diese Chips preislich auch in Komplettrechnern anbieten zu können, gibt es billigere Varianten mit 66, 150 und 166 MHz. Zukünftige Modelle des Alpha-Chips sollen sogar mit 275 und 300 MHz getaktet werden. Die Geschwindigkeitsvorteile des Alpha-Chips können jedoch nur mit Softwareprodukten erzielt werden, die eigens für ein Alpha-kompatibels Betriebssystem entworfen wurden. Dieser Anforderung wird derzeit nur das von Microsoft entwickelte Betriebssystem Windows NT gerecht.[1]

2.2.3. Die Allianz IBM, Motorola, Apple: Der Power-Chip [2]

Der Entwicklung von RISC-Prozessoren folgt neben der Firma DEC auch die Allianz der Firmen IBM, Apple und Motorola. Die Abkürzung Power bedeutet „Performance Optimized With Enhanced Risc".

Das Ergebnis ist ein Hochleistungsprozessor, der den Intel-CPUs bezüglich seiner Rechenleistung und Gesamtperformance entspricht, sie in Teilen sogar übertrifft und damit für neuen Wettbewerb sorgt. Der Power-PC-Chip wird in verschiedenen Varianten, die sich durch die Taktfrequenz unterscheiden, angeboten.

Im IBM-kompatiblen Bereich ist zuerst ein Einsatz in Serversystemen und Workstations unter Windows NT vorgesehen. Derzeit werden Power-PC-Chips in Rechnern der Firma Apple verwendet, die auch Komplettsysteme mit dieser CPU anbietet.

2.3. Die Bus-Systeme und der Controller

Die einzelnen Bestandteile des Personal Computers müssen miteinander kommunizieren können, damit das System fehlerfrei arbeitet. Die Verbindungsleitungen auf dem Motherboard zwischen den adressierbaren Einheiten werden als Bus bezeichnet. Die Busarchitektur bestimmt daher auch die Gesamtleistung des Computersystems.[3] Bei der Datenübertragung können immer nur zwei Einheiten miteinander kommunizieren, z.B. die CPU mit der Grafikkarte.[4] Die Aufgabe der Steuerung und Kontrolle des Datentransportes von und zu den am MPC angeschlossenen Einheiten (z.B. Speichermedien) übernimmt der Controller.[5]

---

[1] Vgl. Hahn, Harald: a.a.O., S. 403 f.
[2] Vgl. Rode, Hans-Jürgen: a.a.O., S. 49 f.; Hahn, Harald: a.a.O., S. 405; o.V.: Pentium, ade: Superchips kommen, in: Darmstädter Echo, 51. JG., Samstag, 11.März 1995, S. 7
[3] Vgl. Huttel, Klaus Peter: a.a.O., S. 65; Petrowsky, Hans: a.a.O., S. 49
[4] Vgl. Strass, Hermann: Massenspeicher optimal einsetzen, a.a.O., S. 33; Tornsdorf, H./ Tornsdorf, M.: a.a.O., S. 20 f.
[5] Vgl. Rode, Hans-Jürgen: a.a.O., S. 137 f.

2.3.1. Der alte Standard: Der ISA-Bus

Über lange Zeit war der ISA-Bus, auch AT-Bus genannt, der Standard-Bus in Personal Computern. Die Taktfrequenz des Buses beträgt 8,33 MHz und ist damit wesentlich langsamer als die meisten der heute angebotenen Computerprozessoren. Außerdem ist die Busbreite mit 16 Bit nur halb so groß wie die eines 80486 Prozessors. Die Entstehung einer Engstelle im Datenfluß innerhalb des Computers ist damit vorprogrammiert, weil die von der CPU bereitgestellte Datenmenge vom ISA-Bus nicht in der gleichen Geschwindigkeit an andere Hardwareelemente weitergeleitet werden kann oder umgekehrt (Vgl. Abb. 22).[1]

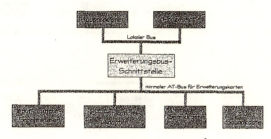

Abb. 22: Die ISA-/EISA-Bus-Architektur (Quelle:[2])

Umfangreiche Multimedia- oder CAD-Anwendungen, der CD-ROM-Zugriff oder der Netzbetrieb werden damit stark verlangsamt. Der AT-Bus verfügt über 24 Adress- und 16 Datenleitungen, man bezeichnet ihn auch als 16 Bit-Bussystem. Die Datentransferrate beträgt maximal 6,5 MByte pro Sekunde, müßte aber bei einem Teil der obengenannten Anwendungen bei 10 bis 15 MByte pro Sekunde liegen.[3]

Die Weiterentwicklung des AT-Buses, vorangetrieben von HP und Compaq, ist der leistungsfähigere EISA-Bus mit 32 Bit-Architektur. Dieser konnte sich aber bis heute - trotz höherer Leistung und besserer Systemausnutzung - nicht durchsetzten, was wohl auf die hohen Kosten der aufwendigen Buslogik zurückzuführen ist.[4] Statt dessen läßt sich der Trend zu einfacheren und kostengünstigeren Local-Bus-Systemen, wie dem VESA- und PCI-Local-Bus, feststellen.[5]

---

[1] Vgl. Nicklas, Michael: a.a.O, S. 63 f.; Thompson, Steven A./ Aleshire, Keith: a.a.O., S. 69; Petrowsky, Hans: a.a.O., S. 51
[2] Rode, Hans-Jürgen: a.a.O., S. 64
[3] Vgl. Kloth, Axel: Bussysteme des PC: ISA-, EISA-, Local-Bus, 2. überarbeitete Auflage, Poing 1994, S. 131 ff.; Hahn, Harald: a.a.O., S. 407 f.
[4] Vgl. Rode, Hans-Jürgen: a.a.O., S. 65 ff.; Huttel, Klaus Peter: a.a.O., S. 70 f.
[5] Vgl. Kloth, Axel: a.a.O., S. 58 f. u. 66 f.

2.3.2. Der VESA-Local-Bus

Der VESA-Local-Bus wurde primär dafür entwickelt, den Datentransfer der Grafikkarte zu erhöhen. Nach kurzer Zeit wurde daraus schließlich ein ganzes Bussystem erarbeitet und auf neuen Motherboards untergebracht, um auch die gesteigerte Prozessorleistung besser nutzen zu können (Vgl. Abb. 23). Die höheren Datentransferraten eines 32 Bit VESA-Local-Bus Rechners verglichen mit denen eines ISA-Rechners waren beachtlich, dennoch bot der VESA-Local-Bus nicht nur Vorteile.[1]

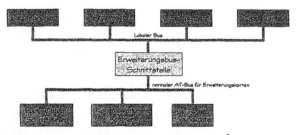

Abb. 23: Die VESA-Local-Bus-Architektur (VLB) (Quelle:[2])

Der Nachteil des VESA-Buses lag darin, daß kein einheitlicher VESA-Local-Bus-Standard festgeschrieben wurde. So boten diverse Hardwarehersteller VESA-Boards an, obwohl nicht mit Sicherheit gesagt werden konnte, daß z.B. eine entsprechende VESA-Grafikkarte auf jedem Motherboard mit VESA-Bus lauffähig sein würde. Letztendlich war der VESA-Bus nur eine Übergangslösung zu einem neuen festgeschriebenen Standard.[3]

2.3.3. Der neue Standard: Der PCI-Bus

Unter Federführung der Firma Intel und einer SIG (Special Interest Group), in der weit mehr als 100 Computerfirmen vertreten waren, wurde 1993 ein neuer Bus-Standard entwickelt. Das Ergebnis war der PCI-Bus mit zuerst 32 und dann 64 Bit, die zueinander kompatibel sind. Die Datentransferrate beläuft sich bei diesen Systemen auf maximal 66 bzw. 132 MByte pro Sekunde. Durch die hohen Datentransferraten bietet sich der PCI-Bus für Anwendungen im Multimediabereich geradezu an. Der PCI-Bus ist in der Lage die gesamte Peripherie des Rechners mit dieser hohen Geschwindigkeit anzusteuern, wobei der Bus- dem Prozessortakt angepaßt wird. Der Bustakt kann maximal 33 MHz betragen. Bei Prozessoren mit sehr hohen Taktraten, z.B. einem 80486 DX 4 mit 100 MHz oder einem Pentium mit 120 MHz wird der Bustakt heruntergeteilt.[4]

---

[1] Vgl. Huttel, Klaus Peter: a.a.O., S. 71
[2] Rode, Hans-Jürgen: a.a.O., S. 70
[3] Vgl. Hahn, Harald: a.a.O., S. 407; Kloth, Axel: a.a.O., S. 278 ff.
[4] Vgl. Hahn, Harald: a.a.O., S. 408 f.

Eine weitere Besonderheit des PCI-Buses besteht darin, daß die Peripheriekarten über den Bus miteinander kommunizieren können, ohne die CPU in Anspruch zu nehmen. In diesem sogenannten Burst-Mode ist die CPU in der Lage, im gleichen Zeitraum z.B. Daten im Hauptspeicher zu verschieben (Vgl. Abb. 24).

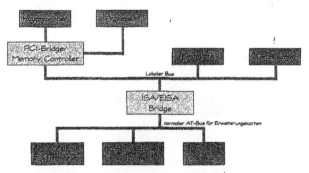

Abb. 24: Die PCI Local-Bus-Architektur (Quelle:[1])

Vor allem auf die Benutzerfreundlichkeit wurde bei der Entwicklung dieses Bussystems geachtet. Der Anwender sollte sich nicht mehr in einem undurchdringlichen Dschungel von DIP-Switches, Jumpern, Interrupts, I/O-Adressen oder DMA-Kanälen bewegen. Das Zauberwort hierfür ist Plug & Play, denn der PCI-Chipsatz konfiguriert das System automatisch. Voraussetzung dafür ist allerdings die Verwendung eines Betriebssystems, das diese Funktion unterstützt.[2] Im Bezug auf Kompatibilität kann der PCI-Bus noch einiges mehr, neben den Intel-Prozessoren können auch andere CPUs mit PCI-Peripheriekarten kommunizieren.[3] Daraus ergibt sich eine breite Einsatzmöglichkeit von PCI-Karten, denn sowohl die Hersteller der IBM, bzw. IBM-Kompatiblen PCs als auch die Firmen DEC und Apple verwenden den PCI-Bus in ihren Rechnern.[4] Die nachstehende Tabelle zeigt zusammenfassend die verschiedenen Primärbussysteme im Vergleich:

Busarchitektur	Busbreite	Anmerkungen
ISA	16	· manuelle Einstellung · Bustakt auf 8 MHz beschränkt
EISA	32	· automatische Konfiguration · Plattformunabhängigkeit · Bustakt auf 8 MHz beschränkt
VESA-Local-Bus	32	· Trennung Audio- und Video-Busse · automatische Konfiguration · Bustakt i.d.R. CPU-Geschwindigkeit
PCI-Local-Bus	32 gegenwärtig 64 zukünftig	· Plug & Play · Plattformunabhängigkeit · gleichzeitige Verarbeitung · Bustakt i.d.R. CPU-Geschwindigkeit

Tab. 4: Der Vergleich der Primärbussysteme (Quelle:[5])

[1] Rode, Hans-Jürgen: a.a.O., S. 71
[2] Vgl. Kloth, Axel: a.a.O., S. 280 ff.
[3] Vgl. Thompson, Steven A./ Aleshire, Keith: a.a.O., S. 71
[4] Vgl. Rode, Hans-Jürgen: a.a.O., S. 72
[5] Thompson, Steven A./ Aleshire, Keith: a.a.O., S. 72

2.3.4. Der SCSI-Bus

Der SCSI-Bus ist ein spezielles und sehr schnelles Bussystem mit bis zu 40 MByte/s Datentransferrate für SCSI-Peripheriegeräte wie Festplatte, CD-ROM-Laufwerk oder Scanner.[1] Dieser Bus wird auch als Sekundärbus bezeichnet. Die Verbindung zwischen dem sekundären und primären (internen) Bus wird durch einen SCSI-Adapter (Host-Adapter) gewährleistet, der als seperate Steckkarte oder auf dem Motherboard integriert zu finden ist.[2]

2.3.5. Der Controller

Zur Steuerung, Kontrolle und Datenübertragung von und zu den Peripheriegeräten, seien es Festplatten, CD-ROM-Laufwerke oder Scanner, wird ein zu diesen Geräten passender Controller benötigt.[3] Der Contoller ist entweder auf dem Motherboard integriert oder auch als separate Steckkarte erhältlich. Neben dem veralteten AT-Bus-Controller (IDE) gibt es noch den EIDE- wie auch den SCSI-Bus-Controller[4]. EIDE- und SCSI-Controller sind in der Datenübertragung wesentlich schneller und ermöglichen damit größere Datentransferraten, die gerade im Multimediabereich erforderlich sind.[5]

Der wesentliche Vorteil von SCSI gegenüber EIDE liegt in der geringen Belastung der CPU und der einfachen Erweiterbarkeit des Rechners mit zusätzlichen Komponenten, wie z.B. einem Scanner oder weiteren Festplatten. Da SCSI-Controller über einen eigenen Befehlssatz verfügen, können sie die von der CPU gemeldeten Operationen selbständig ausführen und ermöglichen den Parallelbetrieb von mehreren Peripheriegeräten.[6]

An einen solchen SCSI-II-Adapter lassen sich bis zu sieben SCSI-Peripheriegeräte anschließen, der Standard Wide SCSI läßt sogar bis zu 15 angeschlossene Komponenten zu (Vgl. Tab. 5).[7]

Eigenschaften	SCSI-II	Wide-SCSI
Datenübertragungsrate		
asynchron	· 3 MByte/ s	· 6 MByte/ s
synchron	· 5 MByte/ s	· 10 MByte/ s
synchron Fast-SCSI	· 10 MByte/ s	· 20 MByte/ s
Anzahl der Peripheriegeräte	bis zu sieben	bis zu fünfzehn
Busbreite	8 Bit	16 Bit

Tab. 5: Der Vergleich der SCSI-Standards (Quelle:[8])

---

[1] Vgl. Strass, Hermann: SCSI-Bus erfolgreich anwenden: Technische Eigenschaften, Normen, Lösungswege für die Praxis, München 1993, S. 25; Petrowsky, Hans: a.a.O., S. 71
[2] Vgl. Spanik, Christian/ Rügheimer, Hannes: a.a.O., S. 95; Strass, Hermann: Massenspeicher optimal einsetzen: a.a.O., S. 33
[3] Vgl. Tornsdorf, H./ Tornsdorf, M.: a.a.O., S. 192; Rode, Hans-Jürgen: a.a.O., S. 137 f.
[4] Vgl. 2.3.4. Der SCSI-Bus, S. 31
[5] Vgl. Strass, Hermann: SCSI-Bus erfolgreich anwenden, a.a.O., S. 25 u. S. 32
[6] Vgl. Nicklas, Michael: a.a.O., S. 93; Müller, Armin: a.a.O., S. 14; Bögeholz, Harald: Massenspeicher, in c´t, Magazin für Computer Technik, o. JG., Nr. 12/95, Dezember 1995, S. 152 ff.; Meissner, René: Optimaler Einstieg, in: c´t, Magazin für Computer Technik, o. JG., Nr. 12/95, Dezember 1995, S. 143
[7] Vgl. Thompson, Steven A./ Aleshire, Keith: a.a.O., S. 80
[8] Vgl. Adaptec: User Guide AHA-2940/2940W/2944W PCI-to-Fast and Wide SCSI Host Adapter, eigene Publikation, 1993, S. 1—7

2.4. Die Speichermedien

Neben den üblichen internen Speichermedien ROM und RAM eines PCs existieren die verschiedensten externen Speichermedien. Dazu gehören die wohl bekanntesten, wie die Festplatte, die Diskette oder die CD-ROM. Immer häufiger werden auch Begriffe wie CD-I, CD-R, CD-MO oder Photo-CD gebraucht. Der Zweck dieser Massenspeicher ist es, Daten aufzunehmen und diese langfristig zu sichern. Ohne sie wären spätere Lesevorgänge auf zuvor gespeicherte Daten nicht möglich, denn die Daten im RAM des PCs gehen verloren sobald der Rechner ausgeschaltet wird.[1]

Die zu speichernden Datenmengen der Softwareprodukte sind in den vergangenen Jahren immer weiter angestiegen, so daß an die Speichermedien größere Anforderungen in bezug auf Speicherkapazität, Zugriffsgeschwindigkeit und Datenübertragung gestellt wurden.[2] Besonders der Bereich Multimedia stellt sehr hohe Anforderungen an die externen Speicher, denn hier müssen die größten Datenmengen verarbeitet werden. Digitalisierte Videos oder Musikstücke, Grafiken und Bilder benötigen hohe Datentransferraten und reichlich Speicherplatz. Hierbei sind Festplatten und CD-ROM-Laufwerke Lösungen, die aber den Anforderungen von Multimedia nur bedingt gerecht werden.[3]

2.4.1. Die magnetischen Speichermedien

2.4.1.1. Die Festplatte (Harddisk)

Die Festplatte gehört heute, neben dem Diskettenlaufwerk, zu den gängigsten Speichermedien (Vgl. Abb. 25). Marktstudien gehen von rund 70 Millionen weltweit produzierter und abgesetzter Festplatten-Laufwerke für das Jahr 1994 aus.[4]

Abb. 25: Das Innenleben einer Festplatte Modell IBM (Quelle:[5])

---

[1] Vgl. Schieb, Jörg: Das große AT-Buch, 5. Überarbeitete Auflage, Düsseldorf 1990, S. 191; Steinbrink, Bernd: a.a.O., S. 275; Tornsdorf, H./ Tornsdorf, M.: a.a.O., S. 39 f.
[2] Vgl. Messina, Calogero: a.a.O., S. 60
[3] Vgl. Strass, Hermann: Massenspeicher optimal einsetzen, a.a.O., S. 213 f.
[4] Vgl. o.V.: Ja wo laufen sie denn?, Abbildung Festplattenmarkt 1994, in: CHIP, o. JG., Nr. 6/95, Juni 1995, S. 121
[5] IBM: IBM Nachrichten - Das Magazin für Technologie und Lösungen, 44. JG., Nr. 318, September 1994, Deckblatt

Der Lese- und Schreibvorgang auf eine Festplatte erfolgt über eine Kopfbaugruppe, in der ein Lese- und Schreibkopf untergebracht ist. Diese Kopfbaugruppe gleitet auf einem Luftpolster, das durch die Rotation der Speicherplatten entsteht, in nur wenigen Nanometern über der magnetisch beschichteten Plattenoberfläche (Vgl. Abb. 26).[1] Zum Schutz vor Staub und Verunreinigung sind die Kopfbaugruppe und die Platten in einem luftdicht verschlossenen Gehäuse untergebracht.[2]

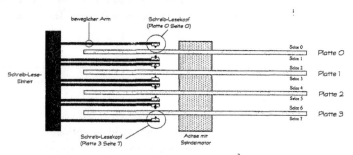

Abb. 26: Der Aufbau einer Festplatte (Quelle:[3])

Die Speicherkapazität einer Harddisk ist von der Anzahl der Platten (Scheiben), der Plattengröße und der Speicherdichte abhängig.[4] Je nach Kombination ergeben sich, entsprechend dem derzeitigen Stand der Technik, 250 MByte bis 9 GByte Speicherplatz auf einer 3 ½ Zoll Festplatte.[5] Mit einer Zugriffszeit, die zwischen 5 und 20 ms liegt und einer durchschnittlichen Datentransferrate im Praxiseinsatz von ein bis drei MByte/s sind Harddisks derzeit - abgesehen vom RAM eines PCs - die schnellsten Speichermedien.[6] Nicht unerheblich für die Zugriffsgeschwindigkeit und Datentransferrate sind die Umdrehungsgeschwindigkeit und Schnittstellen (EIDE oder SCSI) der Festplatten. Sehr gute SCSI-Harddisks mit 7200 UPM und großen Cache erreichen einen Datentransfer von bis zu 8 MByte/s.[7]

Festplatten sind, insbesondere durch speicherintensive Multimediaanwendungen und Softwareprodukte, ein unentbehrlicher Bestandteil eines MPCs geworden.[8] Im Regelfall sollte daher die Speicherkapazität einer Harddisk in einem MPC mindestens 1 GByte betragen.[9]

[1] Vgl. Knieriemen, Thomas: Rechneraufbau am konkreten Beispiel: Dargestellt anhand der Macintosh-II-Modellreihe, Braunschweig/ Wiesbaden 1989, S. 110; Tornsdorf, H./ Tornsdorf, M.: a.a.O., S. 48 f.
[2] Vgl. Obermayer, Theo: PC Update und Service, München 1992, S. 127
[3] Vgl. Tornsdorf, H./ Tornsdorf, M.: a.a.O., S. 190; Knieriemen, Thomas: a.a.O., S. 110; Obermayer, Theo: a.a.O., S. 129
[4] Vgl. Huttel Klaus Peter: a.a.O., S. 251 f.
[5] Vgl. Strass, Hermann: Massenspeicher optimal einsetzen, a.a.O., S. 56 u. S. 62; Rode, Hans-Jürgen: a.a.O., S.127
[6] Vgl. Petrowsky, Hans: a.a.O., S. 69; Strass, Hermann: Massenspeicher optimal einsetzen: a.a.O., S. 48 f.
[7] Vgl. Strass, Hermann: Massenspeicher optimal einsetzen: a.a.O., S. 128 ff.; Huttel Klaus Peter: a.a.O., S. 261; Bögeholz, Harald: Platten-Karussell, in: c't, Magazin für Computer Technik, o. JG., Nr. 11/95, November 1995, S. 116 f.
[8] Vgl. Schmenk, Andreas/ Wätjen, Andreas: a.a.O., S. 24
[9] Vgl. Helmiss, Andreas/ Regnet-Seebode, Renate: a.a.O., S. 144

2.4.1.2. Das Floptical-Laufwerk (FOD)

Ein Floptical-Laufwerk bedient sich eines technischen Tricks, um die Kapazität des magnetischen Speichermediums zu erhöhen. Der im Gerät vorhandene Führungslaser positioniert den magnetischen Schreib-/ Lesekopf auf den FOD-Medien sehr genau, so können Daten viel dichter nebeneinander gespeichert werden.[1]

Mit einer Speicherkapazität von rund 21 MByte bietet ein Floptical-Medium deshalb größere Reserven als herkömmliche Disketten. Eine Besonderheit dieser Laufwerke ist es, auch mit herkömmlichen 3 ½-Zoll-Disketten in den Formaten 720 KByte und 1,44 MByte arbeiten zu können.[2] Langfristig könnte sich das Floptical-Laufwerk anstatt des gängigen Diskettenlaufwerkes für den Programm- und Datenaustausch etablieren, vor allem wenn man die Speicherkapazität berücksichtigt.[3]

2.4.1.3. Das IOMEGA JAZ-Drive [4]

Bei dem JAZ-Drive handelt es sich um ein Wechselplattensystem mit einer maximalen Speicherkapazität von derzeit einem Gigabyte. Ein JAZ-Medium ist in einer Kassette zum Schutz vor Staub und Schmutz untergebracht, das Format einer Kassette ist dabei nur wenig größer als 3 ½ Zoll. Das Gerät ist sowohl als internes wie externes Laufwerk erhältlich und verfügt über eine SCSI-II-Schnittstelle.

Die mittlere Zugriffszeit des Laufwerks liegt bei 16 ms, beim Lesen wird eine Datenübertragungsrate von rund 2 MByte/s erreicht. Bei Speichern erreicht das JAZ-Drive nicht dieselbe Übertragungsrate wie beim Lesevorgang. Ein wesentlicher Vorteil des JAZ-Drive ist es, durch den Austausch der Medien, sehr große Datenbestände flexibel an mehreren Orten einsetzten zu können.

2.4.1.4. Die sonstigen magnetischen Speichernmedien

Diese Speichermedien wie die Diskette, der Streamer und das Magnetband, dienen der Archivierung bzw. Sicherung von Daten. Für eine komfortable Arbeit im Multimediabereich sind sie nicht geeignet, da die Zugriffsgeschwindigkeit und Datentransferrate zu niedrig sind. Aus diesen Gründen wird auf die oben genannten Medien nicht weiter eingegangen.[5]

---

[1] Vgl. Spanik, Christian/ Rügheimer, Hannes: a.a.O., S. 331 f.; Müller, Armin: a.a.O., S. 16
[2] Vgl. Strass, Hermann: Massenspeicher optimal einsetzen, a.a.O., S. 49 f.; Müller, Armin: a.a.O., S. 16
[3] Vgl. Hahn, Harald: a.a.O., S.258
[4] Vgl. Tiefenthaler, Peter: Gigabyte zum Megapreis, in: DOS-International, o. JG., Nr. 12/95, Dezember 1995, S. 118
[5] Vgl. Tornsdorf, H./ Tornsdorf, M.: a.a.O., S. 53

2.4.2. Die optischen Speichermedien

Die optischen Speichermedien lassen sich bezüglich der Datenspeicherung in zwei Gruppen spalten. Die „klassischen" optischen Speicher, dazu gehören unter anderem die Bildplatte, CD-ROM, CD-I und Audio-CD, lassen eine Datenspeicherung nicht zu. Während dessen die beschreibbaren CD-ROMs, wie die CD-WORM, CD-R, Photo-CD oder CD-MO einmal, bzw. mehrmals beschrieben werden können. Bezüglich der Speicherkapazität, Zugriffszeit und Datentransferrate unterscheiden sich die optischen Speichermedien zum Teil beträchtlich.[1]

2.4.2.1. Die „klassischen" optischen Speichermedien

2.4.2.1.1. Die Bildplatte [2]

Die Firmen Pioneer und Philips führten Ende der siebziger Jahre die Bildplatte ein. Bei ihr handelt es sich um ein optisches Speichermedium auf dem die Ton- und Bilddaten analog gespeichert sind.

Eine Bildplatte hat das Format von 12 Zoll (30 cm) und ist doppelseitig bespielt. Sie bietet mit ca. 108.000 Einzelbildern Platz für einen 120 Minuten langen Spielfilm in Stereoton. Der Zugriff auf ein einzelnes Bild nimmt zwischen 0,5 und 3 Sekunden in Anspruch, die Qualität der Standbilder liegt weit über der von Videorekordern.[3] Für die Nutzung der Bildplatte sind spezielle Bildplattenspieler nötig, die an die Stereoanlage und das Fernsehgerät angeschlossen werden können.

Spielfilme, interaktive Videos für die Aus- und Weiterbildung und Bildinformationen bei POI-, POS-Informationssystemen zählen zu den Haupteinsatzgebieten der Bildplatte.

2.4.2.1.2. Die CD-ROM

1982 wurde die Audio-CD eingeführt und lieferte damit die grundlegende Technik für die 1985 entwickelte CD-ROM. Die Abkürzung ROM steht für „Read Only Memory" und bedeutet, daß die auf der CD-ROM gespeicherten Daten nur gelesen werden können. Eine CD-ROM ist nicht beliebig oft beschreibbar, wie eine Diskette oder die Festplatte eines Computers. Bei ihr handelt es sich um ein reines Lesemedium.[4] Sie besteht aus einer 12 Zentimeter großen, 1,2 Millimeter dünnen Scheibe aus Polycarbonat mit einer Aluminiumschicht, die auf beiden Seiten mit einer Schutzschicht überzogen ist.[5] Die gespeicherten Daten sind auf einer von innen nach außen laufenden Spirale enthalten. Diese

---

[1] Vgl. Tab. 6: Der Vergleich der optischen Speichermedien, Anhang S. 114
[2] Vgl. Fickert, Thomas: a.a.O., S. 80
[3] Vgl. Schmenk, Andreas/ Wätjen, Andreas: a.a.O., S. 91
[4] Vgl. Hahn, Harald: a.a.O., S. 12; Messina, Calogero: a.a.O., S. 63
[5] Vgl. Fickert, Thomas: a.a.O., S. 81; Abb. 27: Der CD-ROM-Schichtaufbau, Anhang S. 114

wird auch als Spur bezeichnet und hat eine Länge von etwa 25 Kilometern.[1] Eine CD-ROM bietet deshalb eine beachtliche Speicherfähigkeit von 650 MByte (Vgl. Abb. 28).[2]

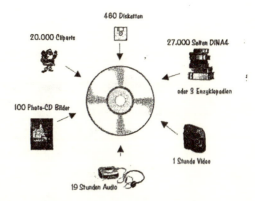

480 Disketten

20.000 Cliparts

27.000 Seiten DINA4

oder 3 Enzyklopädien

100 Photo-CD Bilder

1 Stunde Video

19 Stunden Audio

Abb. 28: Die Speicherkapazität einer CD-ROM (Quelle:[3])

Das Medium CD wird für den Lesevorgang entweder direkt in die Schublade des CD-ROM-Laufwerkes eingelegt (Vgl. Abb. 29) oder bei einer anderen Art von Laufwerkstyp vorher in einem Caddy (Plastikschutzhülle) untergebracht und dann mit diesem in den Laufwerksschacht eingeführt.[4] Die zweite Möglichkeit bietet der CD mehr Schutz vor Verschmutzung oder Beschädigung.[5]

Abb. 29: Das interne CD-ROM-Laufwerk (Quelle:[6])

Ein CD-ROM-Laufwerk liest mittels eines Laserlichtstrahls die in Form von kleinsten ebenen Flächen (Lands) und Vertiefungen (Pits) gespeicherten Daten von der CD-ROM (Vgl. Abb. 30).[7] Betreffend der Laserabtastung sind verschiedene Standards entstanden. Es gibt die Aufzeichnungsformate Red-, Yellow-, Orange-, Green- und Blue-Book, die Aufschluß über die verwendete Laserlichtfarbe und die physische Aufzeichnung geben, sowie die Bezeichnungen

---

[1] Vgl. Spanik, Christian/ Rügheimer, Hannes: a.a.O., S. 54; Müller, Armin: a.a.O., S. 19
[2] Vgl. Messina, Calogero: a.a.O., S. 67; Steinbrink, Bernd: a.a.O., S. 286 f.; Müller, Wolfgang: a.a.O., S. 186
[3] Vgl. o.V.: Multimedia - Scheinwelt aus dem PC, a.a.O., S. 42; Hahn, Harald: a.a.O., S. 12
[4] Vgl. Spanik, Christian/ Rügheimer, Hannes: a.a.O., S. 97 ff.; Malzbender, Hildegard: Multimedia: a.a.O., S. 39 f.
[5] Vgl. Malzbender, Hildegard: Photo-CD und PC: Das digitale Fotoalbum, Entwicklung, Ausstattung, Möglichkeiten, Haar bei München 1993, S. 75; Hahn, Harald: a.a.O., S. 51 f.
[6] Kreiß, Tino: Freecom Power CD, in: PC Direkt, o. JG., Nr. 10/95, Oktober 1995, S. 104
[7] Vgl. Messina, Calogero: a.a.O., S. 69 f.; Fickert, Thomas: a.a.O., S. 81 f.

High Sierra/ ISO 9660, die den Datenaufbau (logische Aufzeichnung) betreffen.[1] CD-ROM-Laufwerke können multisession- und Photo-CD-tauglich sein, beide Merkmale werden im Anschluß behandelt.

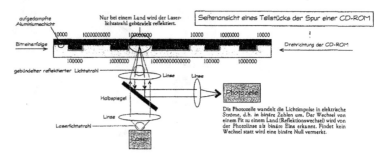

Abb. 30: Der Lesevorgang der CD-ROM (Quelle:[2])

Standard sind heute CD-ROM-Laufwerke mit Double-Speed, dies entspricht einer Datentransferrate von 300 KByte pro Sekunde.[3] Der Trend geht eindeutig in Richtung Quadspeed-Laufwerke (600 KByte/s), deren Preise in den vergangenen Monaten stark gesunken sind.[4] Spitzenwerte von 900 KByte/s erreichen 6-fach-Laufwerke. Technisch möglich sind sogar schon Laufwerke mit acht- oder zehnfacher Geschwindigkeit.[5] Neben der maximalen Datentransferrate ist die Zugriffszeit, gemessen in Millisekunden, die das Laufwerk benötigt um die Daten zu finden und bereitzustellen, ein weiteres wichtiges Leistungsmerkmal.[6] CD-ROM-Laufwerke werden zur Zeit mit einer SCSI-, IDE- oder ATAPI-Schnittstelle angeboten.[7]

Eine CD-ROM ist ein ideales Speichermedium für große Datenmengen auf die nicht ständig, sondern nur im Bedarfsfall, zugegriffen werden muß. Besonders im Bereich von Archivierung, Bibliotheken, Datenbanken oder Multimedia verringern CD-ROMs den Datenbestand auf der

---

[1] Vgl. Tab. 7: Der Vergleich der Color Book Standards, Anhang S. 114; Hahn, Harald: a.a.O., S. 216 ff. u. S. 23 f.; Schmenk, Andreas/ Wätjen, Andreas: a.a.O., S.142 ff.; Spanik, Christian/ Rügheimer, Hannes: a.a.O., S. 59 ff. und S. 69 f.
[2] Vgl. Knieriemen, Thomas: a.a.O., S. 112; Huttel, Klaus Peter: a.a.O., S. 269 f.; Kiermeier, Michael: a.a.O., S. 166; Schmenk, Andreas/ Wätjen, Andreas: a.a.O., S. 139 ff.; Spanik, Christian/ Rügheimer, Hannes: a.a.O., S. 53
[3] Vgl. Thompson, Steven A./ Aleshire, Keith: a.a.O., S. 96
[4] Vgl. o.V.: Hochgeschwindigkeits-CD-ROM Laufwerke und CD-Recorder, in: multiMEDIA - Informationsdienst für Medienintegration, 5. JG, Nr. 11/95, November 1995, S. 20
[5] Vgl. Rode, Hans-Jürgen: a.a.O., S. 156; Humbert, Hans-Jürgen: Alles unter einem Dach, PC GO!, o. JG., Nr. 11/95, November 1995, S. 8
[6] Vgl. Gertler, Nat: Multimedia illustriert: Haben sie sich jemals gefragt... -was Multimedia ist? -Wie in Computern und Spielekonsolen Bilder, Töne und Videos zusammenarbeiten? Der Führer hinter die Kulissen, Haar bei München 1995, S. 27; Spanik, Christian/ Rügheimer, Hannes: a.a.O., S. 92 f.;
[7] Vgl. Thompson, Steven A./ Aleshire, Keith: a.a.O., S. 101; Spanik, Christian/ Rügheimer, Hannes: a.a.O., S. 93 ff.

Festplatte eines PCs erheblich.[1] Die Bedienung eines CD-ROM-Laufwerks ist einfach, komfortabel und die Einsatzmöglichkeiten sind sehr vielseitig, wie die folgende Grafik zeigt:

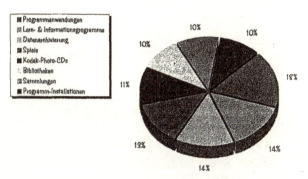

Abb. 31: Die Einsatzgebiete der CD-ROM (Quelle:[2])

2.4.2.1.3. Die CD-ROM/XA

Bereits 1989 wurde ein neuer Standard für die CD-ROM geschaffen, die CD-ROM/XA. Die Bezeichnung XA steht für eXtended Architecture und ermöglicht eine besonders gute Audiodatenkomprimierung sowie spezielle Sektorformate, die das Lesen und die Speicherung verschachtelter Dateien, sogenannter „Interleave Files", erlaubt.[3] XA ist mittlerweile zum Standard für Multimediaanwendungen geworden.[4]

CD-ROM/XA Laufwerke sind in der Lage, gewöhnliche CD-ROMs sowie Photo-CDs zu lesen. Hierfür wird lediglich ein XA-Contoller benötigt. Dieser kann als separate Steckkarte in den Rechner eingebaut werden oder ist bereits im XA-Laufwerk integriert.[5] Mitunter tauchen bei diesen Laufwerken auch die Begriffe „Photo-CD tauglich" und „multisessionfähig" auf, die unter Punkt 2.4.2.2.3. Die Photo-CD behandelt werden.

Gründe für die Entwicklung der CD-ROM/XA waren vor allem die sehr großen Datenmengen, wie sie bei der Digitalisierung von Audio und Bildern entstehen, sowie die nicht vorhandene Möglichkeit, verschiedene Datenformate gleichzeitig zu übertragen.[6] Die Verschachtelung von Dateien und Sektoren ermöglicht es nun, bei der CD-ROM/XA in einem Lesevorgang Bild-, Ton-, Text- und Programmcodeinformationen zu übertragen.[7] Das

[1] Vgl. Steinbrink, Bernd: a.a.O., S. 146; Petrowsky, Hans: a.a.O., S. 182 f.
[2] Vgl. Hahn, Harald: a.a.O., S.15
[3] Vgl. Hahn, Harald: a.a.O., S. 29 ff. u. S. 232 f.; Börner, Wolfgang/ Schnellhardt, Günther: a.a.O., S: 96 u. S. 98; Malzbender, Hildegard: Photo-CD und PC: a.a.O., S. 39
[4] Vgl. Huttel Klaus Peter: a.a.O., S. 273
[5] Vgl. Steinbrink, Bernd: a.a.O., S. 299; Spanik, Christian/ Rügheimer, Hannes: a.a.O., S. 71
[6] Vgl. Börner Wolfgang/ Schnellhardt, Günther: a.a.O., S. 96; Müller, Wolfgang: a.a.O., S. 186
[7] Vgl. Malzbender, Hildegard: Photo-CD und PC: a.a.O., S. 41

Speicherformat erfordert allerdings eine Kompression der Audiodaten, weil im gleichen eingelesenen Speicherbereich der CD auch Bild- und Programmdaten enthalten sind.[1]

Durch eine spezielle Komprimierung der Daten bei der CD-ROM/XA wird die Speicherkapazität der CD-ROM erhöht und eine Maximalspieldauer von 9½ Stunden Audio in Stereo auf einer CD erzielt. Das dafür eingesetzte Verfahren heißt ADPCM (Adaptive Delta Pulse Code Modulation) und ist in verschiedenen Stufen möglich (Vgl. Tab. 8).[2]

| | Audio-CD | CD/XA | | |
		Level A	Level B	Level C
Verfahren	PCM	ADPCM	ADPCM	ADPCM
Abtastfrequenz (kHz)	44,1	37,8	37,8	18,9
Bits pro Kanal	16	8	4	4
Komprimierung	Keine	2	4	8
Spieldauer (Mono)/ Std.	-	4:48	9:36	19:12
Spieldauer (Stereo)/ Std.	1:14	2:24	4:48	9:36

Tab. 8: Die Datenkomprimierung bei der CD-ROM/XA (Quelle:[3])

Die Höhe einer Datenkomprimierung hängt von der Anzahl der Abtastungen pro Sekunde des analogen Signals und der Bitbreite pro Kanal ab. Bei einer gewöhnlichen Audio-CD wird das Signal 44100 mal pro Sekunde in zeitgleichen Abständen mit 16 Bits pro Kanal gemessen. Durch eine Komprimierung wird die Abtastfrequenz und die Anzahl der Bits pro Kanal verringert. Der Nachteil an dieser Vorgehensweise ist, daß sich bei der Komprimierung die Klangqualität des Audiosignals zum Teil erheblich verschlechtert.[4]

Die CD-ROM/XA wird auch als Bridge Disc bezeichnet, wenn ihre Daten so gespeichert wurden, daß sie sowohl von einem CD-I-Laufwerk als auch von einem CD-ROM/XA-System gelesen werden können. Ein Beispiel hierfür ist die Kodak Photo-CD. Mit ihr existiert ein optisches Speichermedium, das im professionellen und Consumer-Bereich zum Einsatz kommt.[5] Ein zukünftiger Standard wird sehr wahrscheinlich auch die Komprimierung digitaler Bildinformationen beinhalten, denn digitalisierte, bewegte Bilder (Videos) benötigen einen noch viel größeren Speicherplatz als Audiodaten.[6]

2.4.2.1.4. CD-I, CD^{32} und 3DO

Entwickelt wurden diese Systeme für Heimanwender, die sich keinen Personal Computer mit zusätzlichen Hardwareelementen zulegen wollen und eine einfache, unkomplizierte Bedienung wünschen.[7] Man bezeichnet dieses Marktsegment auch mit Publishing-Multimedia oder

---

[1] Vgl. Spanik, Christian/ Rügheimer, Hannes: a.a.O., S. 72
[2] Vgl. Börner, Wolfgang/ Schnellhardt, Günther: a.a.O., S. 98; Schmenk, Andreas/ Wätjen, Andreas: a.a.O., S. 146 f.
[3] Vgl. Steinbrink, Bernd: a.a.O., S. 176; Steinmetz, Ralf: a.a.O., S. 181; Spanik, Christian/ Rügheimer, Hannes: a.a.O., S. 72
[4] Vgl. Hahn, Harald: a.a.O., S. 30; Steinbrink, Bernd: a.a.O., S. 175 f.
[5] Vgl. Steinbrink, Bernd: a.a.O., S. 303 ff.
[6] Vgl. Hahn, Harald: a.a.O., S. 30; Malzbender, Hildegard: Photo-CD und PC: a.a.O., S. 39
[7] Vgl. Börner, Wolfgang/ Schnellhardt, Günther: a.a.O., S. 102; Schmenk, Andreas/ Wätjen, Andreas: a.a.O., S. 155

„Consumer-Markt".[1] Die Geräte werden einfach mit dem Fernsehgerät und der Hifi-Anlage verbunden und über eine Fernsteuerung interaktiv bedient.[2] Im Angebot der verfügbaren Titel für diese Systeme finden sich vornehmlich Unterhaltungs- (Spiele) und nur wenige Anwendungsprogramme wie Lernkurse.[3]

Abb. 32: Der CD-I Player von Vobis (Quelle:[4])

Die Systeme CD-I (Vgl. Abb. 32), 3DO und CD[32] sind untereinander - und zum PC-Standard - nur bedingt kompatibel. Gewöhnliche CD-ROMs für den PC können auf den Konsolen nicht abgespielt werden. Allerdings sind Abspielgeräte bestimmter Hersteller in der Lage, die Audio-CD, Kodak-Photo-CD, Video-CD und die CD-ROM/XA zu lesen.[5] Grund für die Inkompatibilität sind die unterschiedlichen Verfahren der Datenaufzeichnung auf die CDs, die Rechnerarchitekturen sowie die eingesetzte Betriebssoftware.[6]

Die verwendete Technik umfaßt meist den Einsatz von RISC-Prozessoren oder 68000-Prozessoren von Motorola, schnelle Grafikchips und Speicherbausteine sowie Module zur Echtzeitdatendekompression.[7] Die fehlende Möglichkeit der langfristigen Sicherung, bzw. Speicherung von Daten ist sehr nachteilig, denn die CD-I-, 3DO- und CD[32]-Medien lassen sich nur lesen. Außerdem ist eine Erweiterung der Systeme ähnlich dem PC mittels Steckkarten nur in kleinem Umfang oder gar nicht möglich.

Besondere Marktchancen besitzen CD-I und 3DO im Videobereich, denn diese Geräte sind in der Lage Video-CDs, d.h. mit MPEG[8] komprimierte Videos auf CD, in VHS- oder sogar S-VHS Qualität wiederzugeben.[9] Die Handhabung von CD-I Geräten ist sehr einfach, denn diese werden lediglich an ein Fernsehgerät angeschlossen. Mittels Fernbedienung lassen sich die Anwendungen über Menüsteuerung dirigieren.[10]

2.4.2.2. Die „neuen" optischen Speichermedien

Ein wesentlicher Nachteil der „klassischen" CD-ROM-Laufwerke ist, Daten von CDs nur lesen zu können. Die Speicherung oder Löschung einzelner Daten, wie bei den magnetischen

---

[1] Vgl. Fickert, Thomas: a.a.O., S. 90; Kiermeier, Michael: a.a.O., S. 169
[2] Vgl. Müller, Armin: a.a.O., S. 44 f.
[3] Vgl. Hahn, Harald: a.a.O., S. 35 u. S. 242; Malzbender, Hildegard: Photo-CD und PC: a.a.O., S. 51
[4] o.V.: Weit ist der Weg nach Hollywood, in: CHIP, o. JG., Nr. 5/95, Mai 1995, S. 67
[5] Vgl. Börner, Wolfgang/ Schnellhardt, Günther: a.a.O., S. 102; Schmenk, Andreas/ Wätjen, Andreas: a.a.O., S. 156
[6] Vgl. Hahn, Harald: a.a.O., S. 34 f.; Spanik, Christian/ Rügheimer, Hannes: a.a.O., S. 81
[7] Vgl. Börner, Wolfgang/ Schnellhardt, Günther: a.a.O., S. 38 u. S. 101; Steinbrink, Bernd: a.a.O., S. 269 ff.; Spanik, Christian/ Rügheimer, Hannes: a.a.O., S. 82 ff.
[8] Vgl. 2.5.2.2. Die Echtzeit-Videodigitizerkarte mit Hardwarekomprimierung, S. 53 f.
[9] Vgl. Spanik, Christian/ Rügheimer, Hannes: a.a.O., S. 81 f.; Malzbender, Hildegard: Photo-CD und PC: a.a.O., S. 54
[10] Vgl. Schmenk, Andreas/ Wätjen, Andreas: a.a.O., S. 156; Malzbender, Hildegard: Photo-CD und PC: a.a.O., S. 50

Datenträgern, z.B. Diskette oder Festplatte, ist nicht möglich. Zu den Vorteilen der optischen Datenträger zählt hingegen die verschleißfreie, sichere Arbeit und die Bereitstellung großer Speicherkapazitäten. Grundlegender Gedanke ist es nun, die Vorteile magnetischer und optischer Speichermedien zu kombinieren. Das Ergebnis langjähriger Forschung spiegelt sich in den Systemen CD-WO, CD-R, Photo-CD und CD-MO wider.[1]

2.4.2.2.1. Die CD-WO

Die erste Stufe der Entwicklung war die CD-WO, auch CD-WORM genannt. Die Abkürzung WORM steht für „Write Once - Read Many".[2] Das Medium, ähnlich der CD-ROM, ist in einer Cartridge untergebracht und kann nur in einem CD-WO-Laufwerk per Laserstrahl beliebig oft gelesen, aber nur einmal beschrieben werden.[3]

Das Aufzeichnungsverfahren unterscheidet sich von dem einer gewöhnlichen CD-ROM in einigen Punkten, der Lesevorgang ist derselbe. Auf einer unbespielten CD-WORM befinden sich 0,7 Mikrometer große Führungsrillen, die als Orientierungshilfe für den Aufzeichnungslaser dienen. Über der Reflektionsschicht aus Aluminium ist ein bläulich schimmernder organischer Farbstoff aufgebracht, der bei der Aufzeichnung durch den Hochenergie-Laser kleine Blasen bildet. Diese Blasen und die unberührte Farbschicht besitzen ein unterschiedliches Reflektionsverhalten, das in etwa dem von Pits und Lands bei der CD-ROM entspricht. Der Lesevorgang kann deshalb wie bei der CD-ROM mit einem leistungsarmen Laser durchgeführt werden (Vgl. Abb. 33).[4]

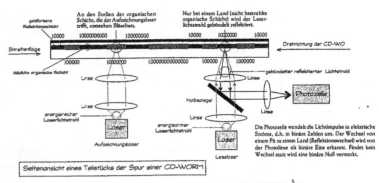

Abb. 33: Das Aufzeichnungs- und Leseverfahren der CD-WO (Quelle:[5])

---

[1] Vgl. Hahn, Harald: a.a.O., S. 35 f. u. S. 246 f.; Spanik, Christian/ Rügheimer, Hannes: a.a.O., S. 320 f.
[2] Vgl. Messina, Calogero: a.a.O., S. 64
[3] Vgl. Steinbrink, Bernd: a.a.O., S. 314
[4] Vgl. Spanik, Christian/ Rügheimer, Hannes: a.a.O., S. 323 f.
[5] Vgl. Spanik, Christian/ Rügheimer, Hannes: a.a.O., S. 323 f.; Hahn, Harald: a.a.O., S. 248 f.

Eine CD-WO ist nicht kompatibel zu der CD-ROM. Die Speicherkapazität reicht von 128 MByte bis 6,5 GByte und die mittlere Zugriffszeit beträgt 100 ms.[1] Die CD-WO findet in der Industrie wenig Verwendung, im Grunde ist dieses Medium nur für die Archivierung von großen Datenbeständen geeignet.[2]

2.4.2.2.2. Die CD-R

Bei der CD-R („R" steht für recordable) handelt es sich um eine einmal beschreibbare CD-ROM, die eine goldfarbene Oberfläche besitzt. Für die Datenaufzeichnung auf diesen CDs sind spezielle Laufwerke, sogenannte CD-Brenner nötig.[3] Der Vorgang der Datenspeicherung wird wie bei der CD-WO vorgenommen, d.h. auch hier wird die organische Trägerschicht verändert. Die goldbedampfte Refektionsschicht soll, im Gegensatz zur Aluminiumschicht der normalen CD-ROM, eine bessere Reflektion gewährleisten.[4]

Das Sektorformat kann am CD-R-Schreibsystem vor dem Beschreiben der CD festgelegt werden, so sind der CD-ROM-, CD-ROM/XA-, Photo-CD-, CD-I oder der Audio-CD-Standard realisierbar. Nachdem die CD im CD-Brenner beschrieben wurde, ist sie in jedem CD-ROM-Laufwerk mit dem entsprechenden Standard verwendbar (Vgl. Abb. 34).[5]

Abb. 34: Der CD-Brenner von HP (Quelle:[6])

Gegen den Einsatz einer CD-R in der täglichen Praxis als Massenspeichermedium sprechen vor allem die hohen Hardwareanforderungen an das System und die aufwendige Vorbereitung einer CD-R Erstellung.[7]

2.4.2.2.3. Die Photo-CD

Entwickelt wurde die Photo-CD, eine spezielle Form der CD-R, 1992 von der Firma Kodak für die Sicherung, Archivierung und Weiterverarbeitung von Photos.[8] Jeder Anwender hat damit die Möglichkeit, seine photographischen Schnappschüsse in hoher Qualität dauerhaft auf

---

[1] Vgl. Hahn, Harald: a.a.O., S. 258; Spanik, Christian/ Rügheimer, Hannes: a.a.O., S. 322
[2] Vgl. Messina, Calogero: a.a.O., S. 64; Huttel, Klaus Peter: a.a.O., S. 274; Thompson, Steven A./ Aleshire, Keith: a.a.O., S. 95
[3] Vgl. Steinbrink, Bernd: a.a.O., S. 314 f.
[4] Vgl. Hahn, Harald: a.a.O., S. 248
[5] Vgl. Spanik, Christian/ Rügheimer, Hannes: a.a.O., S. 326; Hahn, Harald: a.a.O., S. 38 u. S. 254 f.
[6] o.V.: CD-ROM Marke Eigenbau, in: PC GO!, o. JG., Nr. 12/95, Dezember 1995, S. 135
[7] Vgl. Bader, Gerhard: Aus eigener Brennerei, in: CHIP, o.JG., Nr. 3/94, März 1994, S. 180 f.
[8] Vgl. Börner, Wolfgang/ Schnellhardt, Günther: a.a.O., S. 100; Petrowsky, Hans: a.a.O., S. 185

einer solchen CD speichern zu lassen.[1] Ein belichteter Film wird im Labor entwickelt und die entwickelten Bilder anschließend digitalisiert. Im nächsten Arbeitsschritt werden die digitalisierten Bilder komprimiert und auf eine CD gebrannt, dieser Vorgang wird als Session bezeichnet.[2]

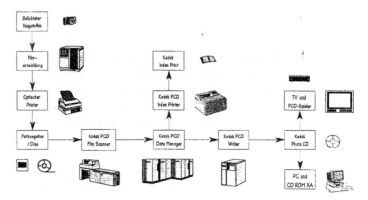

Abb. 35: Vom Farbnegativfilm zur Photo-CD (Quelle:[3])

Der Wirkungsgrad der Komprimierungsverfahren hängt überwiegend von den Bildinhalten ab. Im Durchschnitt werden 4,5 MByte für ein komprimiertes Bild benötigt.[4] Auf einer Photo-CD lassen sich mit diesem Verfahren etwa 100 Bilder archivieren (Vgl. Abb. 35).[5]

Die beschriebene Photo-CD läßt sich allerdings nur auf Photo-CD-tauglichen CD-ROM-Laufwerken lesen. Voll Photo-CD-tauglich sind die Laufwerke nur, wenn sie auf der einen Seite den CD-ROM/XA Standard unterstützen und auf der anderen Seite die Multisessionfähigkeit besitzen.[6] Multisession bedeutet, daß ein CD-ROM-Laufwerk in der Lage ist, nicht nur die bei der ersten Session eingebrannten Bilder zu lesen, sondern auch die folgenden Sessions zu lesen.[7] Nötig wird dieses Verfahren, da ein Negativfilm maximal 36 Aufnahmen faßt und auf der Photo-CD 100 Bilder gespeichert werden können, d.h. es werden mehrere Sessions nötig um eine Photo-CD vollständig zu beschreiben.[8]

Im Fachhandel werden auch separate Lesegeräte mit Sonderfunktionen für die Photo-CD angeboten, die direkt an das Fernsehgerät angeschlossen werden, wie das CD-I von Phillips.[9]

---

[1] Vgl. Malzbender, Hildegard: Photo-CD und PC: a.a.O., S. 9
[2] Vgl. Hahn, Harald: a.a.O., S. 17
[3] Vgl. Steinbrink, Bernd: a.a.O., S. 390; Malzbender, Hildegard: Photo-CD und PC: a.a.O., S. 21 f.
[4] Vgl. Petrowsky, Hans: a.a.O., S. 188
[5] Vgl. Schlicht, Hans-Jürgen: a.a.O., S. 118 f.; Schmenk, Andreas/ Wätjen, Andreas: a.a.O., S. 151; Obermayer, Theo: a.a.O., S. 242
[6] Vgl. Hahn, Harald: a.a.O., S. 34; Müller, Armin: a.a.O., S. 21
[7] Vgl. Schlicht, Hans-Jürgen: a.a.O., S. 119; Petrowsky, Hans: a.a.O., S. 186
[8] Vgl. Ingenbleck, Werner: a.a.O., S. 177 ff.; Malzbender, Hildegard: Photo-CD und PC: a.a.O., S. 71
[9] Vgl. Spanik, Christian/ Rügheimer, Hannes: a.a.O., S. 74

Die Firma Kodak bietet neben der normalen Photo-CD weitere Formate (z.B. „Portfolio", „Catalog" oder „Pro") mit Auflösungen von 128*192 bis 4086*6144 Bildpunkten an.[1]

Die Einsatzmöglichkeiten der Photo-CD sind weitläufig, besonders in den Bereichen des Desktop-Publishing, der Werbung oder bei Präsentationen ist die Photo-CD ein hilfreiches Arbeitsmittel. Die verschiedenen Photos können dabei mit Hilfe von Softwareprogrammen nachbearbeitet und in andere Anwendungen integriert werden.[2]

2.4.2.2.4. Die CD-MO

Die CD-MO oder auch CD-MOD (Magneto Optical Disc) ist derzeit das einzige magnetisch-optische Speichermedium, das eine mehrfache Beschreibung sowie Löschungen einzelner Daten zuläßt. Daher werden CD-MOs gelegentlich auch als „Rewriteable Optical Disks" (ROD) bezeichnet.[3]

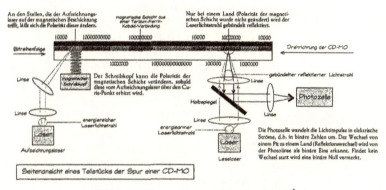

Abb. 36: Das Aufzeichnungs- und Leseverfahren der CD-MO (Quelle:[4])

Die Speicherung funktioniert ähnlich wie bei einer Festplatte unter Zuhilfenahme eines Lasers, der Lesevorgang wiederum wie bei einer CD.[5] Ein Hochleistungslaser erhitzt bei der Datenspeicherung die magnetisierbare Aufzeichnungsoberfläche der CD-MO bis zum sogenannten Curie-Punkt. Ist die Curie-Temperatur erreicht, kann ein dem Aufzeichnungslaser nachgelagerter magnetischer Schreibkopf an den gewünschten Positionen die Polarität des Materials ändern. Sekundenbruchteile später erkaltet die Oberfläche wieder und die Polarität ist nicht mehr veränderbar. Die unterschiedliche Polarität der Aufzeichnungsoberfläche führt

---

[1] Vgl. Schmenk, Andreas/ Wätjen, Andreas: a.a.O., S. 154 f.; Malzbender, Hildegard: Multimedia: a.a.O., S. 33; Petrowsky, Hans: a.a.O., S. 189 f.
[2] Vgl. Hahn, Harald: a.a.O., S.. 235 f.; Börner, Wolfgang/ Schnellhardt, Günther: a.a.O., S. 102; Steinbrink, Bernd: a.a.O., S. 28
[3] Vgl. Hahn, Harald: a.a.O., S. 38 f. u. S. 256 f.; Steinbrink, Bernd: a.a.O., S. 315 f.
[4] Vgl. Hahn, Harald: a.a.O., S. 39 u. S. 251 f.; Spanik, Christian/ Rügheimer, Hannes: a.a.O., S. 327 f.
[5] Vgl. Messina, Calogero: a.a.O., S. 65; Thompson, Steven A./ Aleshire, Keith: a.a.O., S. 94 f.; 2.4.1.1. Die Festplatte (HD), S. 32 f.; 2.4.2.1.2. Die CD-ROM, S. 35 ff.

auch zu einer unterschiedlichen Reflektion eines Laserlichts. Aus diesem Grund kann die CD-MO mit einem energiearmen Laser ausgelesen werden (Vgl. Abb. 36).[1]

Eine CD-MO ist, wie die CD-WO, in einer Cartridge untergebracht und läßt sich nur in einem CD-MO-Laufwerk verwenden (Vgl. Abb. 37). Die Speicherkapazität beträgt 128 MByte bei 3½- und 650 MByte bei 5¼-Zoll-Medien; möglich sind mittlerweile auch ein Gigabyte und mehr.[2] Eine mittlere Zugriffszeit zwischen 20 und 50 ms macht CD-MO-Laufwerke zunehmend interessanter. Im Vergleich zu herkömmlichen Festplatten ist der Datendurchsatz beim Lesen und Schreiben jedoch noch zu gering.[3]

Abb. 37: Das CD-MO-Laufwerk und die CD-MO (Quelle:[4])

High-End-Geräte, wie das „Apex" von Pinnacle Micro, bieten dagegen, entsprechend ihres Preises, eine beachtliche Speicherkapazität von 4,6 GByte und einem Datendurchsatz von 6 MByte/s.[5]

CD-MOs könnten sich am Markt etablieren und Festplatten bald ebenbürtig sein. Vor allem wenn die Zugriffsgeschwindigkeit oder der Datendurchsatz gesteigert werden kann und diese Geräte preislich eine Akzeptanz in der breiten Masse der PC-Besitzer finden.[6]

<u>2.4.2.2.5. Das PD-Laufwerk</u> [7]

Die Firma Panasonic bietet seit kurzem ein sogenanntes Phase-Change-Laufwerk in Kombination mit einem CD-ROM-Laufwerk an (Vgl. Abb. 38). Das PD-Medium ist in einer Cartridge untergebracht und wird wie eine CD-ROM mittels Laserlicht gelesen.

Abb. 38: Das Panasonic PD-Laufwerk (Quelle:[8])

Zur Datenspeicherung wird ein energiereicher Laser eingesetzt, der die tellurhaltige Beschichtung der Medien je nach Wärme in zwei unterschiedliche Zustände versetzt. Die

[1] Vgl. Spanik, Christian/ Rügheimer, Hannes: a.a.O., S. 327 f.; Müller, Armin: a.a.O., S. 25
[2] Vgl. Hahn, Harald: a.a.O., S. 258; Strass, Hermann: Massenspeicher optimal einsetzen: a.a.O., S.298 f.
[3] Vgl. Spanik, Christian/ Rügheimer, Hannes: a.a.O., S. 331
[4] Kreiß, Tino: Sony SMO-F 521 - Magneto-optischer Speichergigant mit 1,3 GByte Kapazität, in: PC Direkt, o. JG., Nr. 12/95, Dezember 1995, S. 106
[5] Vgl. Müller, Ralf: GIGAmanie, in: PC Direkt, o. JG., Nr. 12/95, Dezember 1995, S. 12
[6] Vgl. Huttel Klaus Peter: a.a.O., S. 276
[7] Vgl. o.V.: PD - wiederbeschreibbarer optischer Speicher, in: CHIP, o. JG., Nr. 9/95, September 1995, S. 142; Fahrenschon, Edgar: Doppelpack, in: PC Welt, o. JG., Nr. 12/95, Dezember 1995, S. 148
[8] Kreiß, Tino: Panasonic LF-1000 BK - Phasewriter-Dual-Technik und Quadrospeed, in : PC Direkt, o. JG., Nr. 12/95, Dezember 1995, S. 106

Legierung ist dann entweder kristallin oder amorph und reflektiert beim Lesevorgang das Licht entsprechend unterschiedlich.

Ein PD-Medium speichert bis zu 650 MByte an Daten, dabei lassen sich die CD-ähnlichen Scheiben über 500.000 mal beschreiben. Die Datenübertragungsrate liegt durch die konstante Umdrehungsgeschwindigkeit zwischen 500 KByte und 1 GByte/s bei einer durchschnittlichen Zugriffszeit von 140 ms.

2.5. Die Grafik-, Video-, TV-Hardware

2.5.1. Die Grafikkarte

Die Grafikkarte gehört zu den Basisbausteinen eines PCs, ohne die eine Darstellung von Daten auf dem Computerbildschirm nicht möglich wäre.[1] Die Ausstattung und Leistungsbreite der Grafikkarten variiert sehr stark, entsprechend der technischen Entwicklung werden sie in einer großen Vielfalt angeboten.[2]

Das Bussystem, der Grafik- bzw. Videochip, das RAMDAC und der Speicher sind bei einer Grafikkarte die wichtigsten Elemente. Bezüglich des Bussystems setzt sich der Trend zu PCI-Grafikkarten mit 64 Bit durch. Grafikchips werden von den verschiedensten Herstellern angeboten, besonders bekannt sind die Firmen Matrox, S3, Tseng und ATI, vielfach wird für die Chips auch der Begriff Windows-Accelerator benutzt.[3]

Der RAMDAC-Baustein wandelt die digitalen Bildsignale in analoge um und bestimmt in Verbindung mit dem Hauptspeicher der Grafikkarte die maximale Anzahl von Farben in der jeweiligen Auflösung.[4]

Je höher dabei die Frequenz des RAMDAC ist, desto höher fällt die Bildwiederholungsfrequenz in einer bestimmten Bildschirmauflösung aus. Bei einer Bildwiederholungsfrequenz von 70 Hz und mehr spricht man von einer flimmerfreien Darstellung (non interlaced). Die Speicherbausteine von Grafikkarten lassen sich in DRAM, EDO-RAM, VRAM, und WRAM unterteilen, wobei V- und WRAM die schnellsten Bausteine sind. Eine Farbtiefe von 24 Bit entspricht 16,7 Millionen Farbnuancen und wird als Truecolor bezeichnet.[5]

---

[1] Vgl. Nicklas, Michael: a.a.O., S. 76
[2] Vgl. Kotzsch, Roman: a.a.O., S. 3–19
[3] Vgl. Thompson, Steven A./ Aleshire, Keith: a.a.O., S. 176
[4] Vgl. Obermayer, Theo: a.a.O., S. 184; Petrowsky, Hans: a.a.O., S. 90
[5] Vgl. Rode, Hans Jürgen: a.a.O., S. 181 ff.; Huttel Klaus Peter: a.a.O., S. 180 ff. u. S. 191 f.; Nicklas, Michael: a.a.O., S. 78 u. S. 81; Thompson, Steven A./ Aleshire, Keith: a.a.O., S. 180; Petrowsky, Hans: a.a.O., S. 88 ff.; Poschmann, Alfred/ Regnet-Seebode, Renate: Flotte Grafik, in: PC WELT, o. JG., Nr. 10/95, Oktober 1995, S. 169 f.

Moderne PCI- Grafikkarten mit 64 Bit-Bus und 4 MByte VRAM lassen eine flimmerfreie Auflösung von 1200*1024 Bildpunkten bei 16,7 Millionen Farben gleichzeitig zu und eignen sich daher besonders gut für Multimedia (Vgl. Abb. 39).[1]

Abb. 39: Die VGA-Grafikkarte Matrox Millennium (Quelle:[2])

Für den Anwender, der gelegentlich Videos ansehen möchte und keine Profibildqualität erwartet, werden vermehrt Grafikkarten mit einem zusätzlichen AVI-Chip oder einer Software zur MPEG-Dekodierung angeboten. Der AVI-Videochip entlastet den normalen Grafikchipsatz bei der Berechnung der Bilddaten von AVI-Clips.[3] Die neuesten videofähigen Grafikkarten bieten unter Zuhilfenahme von Software-Dekomprimierungsprogrammen die Möglichkeit MPEG-Videos anzusehen. Voraussetzung dafür ist allerdings eine leistungsfähige CPU, d.h. mindestens ein Pentiumprozessor mit 90 MHz, der die Dekodierung der MPEG Daten vornimmt.[4] Optional lassen sich verschiedene Fabrikate auch mit einem Hardware MPEG-Player aufrüsten.[5] Eine beschleunigte dreidimensionale Darstellung mit strukturierter Oberfläche durch sogenannte 3D-Chips sind die neuesten Funktionen von Grafikkarten (Vg Abb. 40).[6]

Abb. 40: Die 3D-Grafikdarstellung (Quelle:[7])

2.5.2. Die Videobearbeitungshardware

Es gibt mehrere Möglichkeiten, am PC mit Bewegtbildern (Videos) zu arbeiten. Welch Hardware erforderlich ist, hängt davon ab, wie die Wiedergabe, die Speicherung und die Be

---

[1] Vgl. Thompson, Steven A./ Aleshire, Keith: a.a.O., S. 176
[2] Bruns, Enno: Video-Optimisten, in: PC GO!, o.JG., Nr. 12/95, Dezember 1995, S. 12
[3] Vgl. Poschmann, Alfred/ Regnet-Seebode, Renate: a.a.O., S. 170 u. S. 174
[4] Vgl. Bruns, Enno: Video-Optimisten, a.a.O., S. 8 f.
[5] Vgl. 2.5.2.3. Die MPEG-Karte, S. 50
[6] Vgl. Thompson, Steven A./ Aleshire, Keith: a.a.O., S. 175 f.
[7] Eigene Abb.

oder Verarbeitung erfolgen soll. Ein- bzw. Ausgabegeräte sind neben dem MPC analoge Geräte wie Fernsehapparat, Videorecorder, Videokamera und Bildplatte.[1]

2.5.2.1. Die Echtzeit-Videodigitizerkarte ohne Hardwarekomprimierung

Um ein analoges Video auf dem PC-Monitor darzustellen, ist der Einsatz einer Digitizerkarte nötig, da sich das Video- bzw. Fernsehsignal und das VGA-Signal des Computers nicht entsprechen, d.h. auf anderen Standards aufbauen (Vgl. Tab. 9).[2]

	Videobild am Fernsehgerät	VGA-Bild am Monitor
Auflösung	833*625	640*480 bis 1600*1200
Bildwiederholfrequenz	50 Hz (interlaced)/ 100 Hz (interlaced)	minimal 60 Hz (i.d.R. non interlaced)
Ansteuerung	FBAS-Signal	RGB-Signal mit zusätzlicher Synchronisation

Tab. 9: Der Vergleich von Video und VGA-Bild (Quelle:[3])

Die Digitizerkarte wandelt das eingespeiste FBAS-Signal durch einen AD-Wandler in RGB Signale um und gibt diese dann aus dem eigenen Videospeicher in Echtzeit an den Monitor weiter.[4] So einfach ist dieser Arbeitsschritt jedoch nicht, zuerst muß das Videobild digitalisiert werden.[5] Der technische Ablauf der Digitalisierung entspricht dem Samplen von Audiosignalen, nur die Abtastfrequenz mit über 10 MHz und die Auflösung mit bis zu 24 Bit sind wesentlich größer.[6]

Bei einer Echtzeitdigitalisierung eines Videos in TrueColor (24 Bit Farbtiefe), d.h. mit 16,7 Millionen Farben, muß die Overlaykarte sehr schnell arbeiten. Nur sehr gute Karten sind hierzu in der Lage. Ein Beispiel verdeutlicht dies: Ein Film in TrueColor in der Bildschirmauflösung von 800*600 Punkten mit einer Länge von nur vier Sekunden würde eine Datenmenge von 100 MByte ergeben.[7] Eine solch große Datenmenge kann aber ohne eine Datenkomprimierung in diesem Zeitabschnitt nicht abgespeichert werden. Eine spätere Bearbeitung der Bilddaten ist demzufolge nicht möglich.[8] Der Grund dafür ist die relativ geringe Datentransferrate der gängigen Festplatten mit nur ein bis zehn MByte pro Sekunde.[9] Die digitalisierten Bilddaten werden deshalb ohne spürbare Verzögerung direkt auf den Bildschirm in einem skalierbaren Fenster, quasi über das Bildsignal der Grafikkarte, ausgegeben. Daher bezeichnet man solche Digitizer auch als Overlaykarten.[10]

---

[1] Vgl. Thompson, Steven A./ Aleshire, Keith: a.a.O., S. 187; Frater, Harald: a.a.O., S. 356
[2] Vgl. Abb. 41: Das Funktionsprinzip eines Monitors, Anhang S. 115; Spanik, Christian/ Rügheimer, Hannes: a.a.O., S. 336 f.; Petrowsky, Hans: a.a.O., S. 211 f.
[3] Vgl. Hahn, Harald: a.a.O., S.176
[4] Vgl. Thompson, Steven A./ Aleshire, Keith: a.a.O., S. 184; Frater, Harald: a.a.O., S. 357
[5] Vgl. Schmenk, Andreas/ Wätjen, Andreas: a.a.O., S. 94 f.
[6] Vgl. Spanik, Christian/ Rügheimer, Hannes: a.a.O., S. 338; 2.6.1. Die Soundkarte, S. 56 f.
[7] Vgl. Hahn, Harald: a.a.O., S. 179
[8] Vgl. Wratil, Peter: a.a.O., S. 18; Petrowsky, Hans: a.a.O., S. 213
[9] Vgl. Schlicht, Hans-Jürgen: a.a.O., S. 109
[10] Vgl. Fickert, Thomas: a.a.O., S. 95; Petrowsky, Hans: a.a.O., S. 217 u. S. 232

Die meisten Digitizer bieten, neben der Bewegtbildverarbeitung, auch die Möglichkeit des Frame-Grabben, darunter versteht man das Speichern eines Standbildes. Dieses Standbild kann dann im Rechner weiterverarbeitet und in anderen Anwendungen verwendet werden.[1] Somit bilden Overlaykarten mit Framegrabberfunktion neben Scannern die wichtigsten Hardwareelemente zur Bildinformationserfassung im Multimediabereich.[2]

2.5.2.2. Die Echtzeit-Videodigitizerkarte mit Hardwarekomprimierung

Bei einer Digitalisierung eines Live-Videos entsteht eine beachtliche Datenmenge, die verhindert, daß das digitale Video abgespeichert werden kann, um z.B. eine spätere Nachbearbeitung durchzuführen.[3] Der Engpaß liegt somit nicht in der Digitalisierung, die in Echtzeit erfolgt, sondern in der Zeit, die benötigt wird, um die Daten auf die Festplatte zu schreiben.[4] Um diese Restriktion aufzuheben, wurden Verfahren zur Echtzeitdatenkomprimierung entwickelt.[5] Allen Verfahren liegt ein bestimmter Codec (COder und DECoder) zugrunde, der in Form spezieller Chips auf Hardware- oder auch auf reiner Softwarebasis arbeitet.[6]

Einfache Verfahren reduzieren lediglich die Bildauflösung, Farbtiefe oder die Bildwiederholfrequenz bei der Digitalisierung. Die zu speichernde Datenmenge verkleinert sich so erheblich, eine Speicherung sowie die unterbrechungsfreie Wiedergabe des digitalisierten Bewegtbildes wird daher möglich. Die Bildqualität des digitalen Videos ist dann aber wesentlich schlechter als die der analogen Vorlage.[7]

Abb. 42: Die Echtzeit-Videodigitizerkarte Spea „Crunch It" (Quelle:[8])

Bessere Verfahren bieten eine Bildqualität, die trotz Komprimierung, als gut angesehen werden kann. Die Standards für die Echtzeitkomprimierung von Bildinformationen sind das (M)JPEG- / MPEG-Verfahren[9], die p*64- und die DVI-Technologie[10]. Bei diesen Verfahren werden nicht

[1] Vgl. Frater, Harald: a.a.O., S. 358; Müller, Armin: a.a.O., S. 65
[2] Vgl. Schlicht, Hans-Jürgen: a.a.O., S. 76
[3] Vgl. Thompson, Steven A./ Aleshire, Keith: a.a.O., S. 185; Spanik, Christian/ Rügheimer, Hannes: a.a.O., S. 341 f.
[4] Vgl. Frater, Harald: a.a.O., S. 354; Schlicht, Hans-Jürgen: a.a.O., S. 113 f.
[5] Vgl. Spanik, Christian/ Rügheimer, Hannes: a.a.O., S. 342
[6] Vgl. Petrowsky, Hans: a.a.O., S. 213
[7] Vgl. Fickert, Thomas: a.a.O., S. 84
[8] Kreiß, Tino: Spea Crunch It, in: PC Direkt, o. JG., Nr. 10/95, Oktober 1995, S. 108
[9] Vgl. Steinmetz, Ralf: a.a.O., S. 99 ff. u. S. 124 ff; Wratil, Peter: a.a.O., S. 18; Schmenk, Andreas/ Wätjen, Andreas: a.a.O., S. 29; Müller, Armin: a.a.O., S. 8
[10] Vgl. Steinmetz, Ralf: a.a.O., S. 119 ff. u. S. 139 ff.; Encarnação, José L/ Foley, James D.: a.a.O., S. 55 u. S. 57 f.; Müller, Wolfgang: a.a.O., S. 188 ff.

die gesamten Bilder, sondern nur die Bilddaten, die sich von Bild zu Bild verändern, gespeichert. Bei der Verwendung einer sehr guten Digitizerkarte (Vgl. Abb. 42) mit entsprechender Hardwarekomprimierung sind die Ergebnisse, mit einer Kompression um den Faktor 20 bis maximal 150, beachtlich.[1]

Besonders der Einsatz von DSP- Chips in hardwarebasierenden Lösungen für die Datenkomprimierung garantiert sehr gute Ergebnisse.[2] Die Bildqualität entspricht nahezu der des ursprünglichen Videos, maximal läßt sich eine S-VHS-Qualität erzielen.[3] Die Leistungsfähigkeit der Komprimierungskarten kann durch eine Steigerung der Gesamtleistung des PCs verbessert werden. Natürlich bremst im umgekehrten Fall ein schlechtes PC-System die Leistung der Videokarte.[4]

Mit dem neuen Standard MPEG II und den Hochleistungskompressionschips von C-Cube oder Intel läßt sich bei der Digitalisierung eine Bildplattenqualität realisieren.[5] Der Computer kann mit solchen Hardwareerweiterungen sogar professionellen Ansprüchen der Videobearbeitung gerecht werden.[6]

2.5.2.3. Die MPEG-Karte

Für die Darstellung eines MPEG-Videos mittels separater Steckkarte wird - im Gegensatz zur Software-MPEG-Lösung - kein besonders leistungsfähiger MPC benötigt. Die Rechenarbeit übernimmt der auf der Karte untergebrachte, spezielle MPEG-Dekomprimierungschip (Vgl. Abb. 43).[7]

Abb. 43: Der MPEG-Player Spea „Play It" (Quelle:[8])   Abb. 44: Das MPEG-Video im Overlayverfahren (Quelle:[9])

---

[1] Vgl. Petrowsky, Hans: a.a.O., S. 214 f.
[2] Vgl. Scharf, Achim: Multimedia sorgt für einen Boom bei Prozessoren, in: VDI Nachrichten, 49. JG., Nr. 48, 01.12.1995, München 1995, S. 19
[3] Vgl. Wratil, Peter: a.a.O., S. 18
[4] Vgl. Hahn, Harald: a.a.O., S. 181
[5] Vgl. Schmenk, Andreas/ Wätjen, Andreas: a.a.O., S. 30
[6] Vgl. Hahn, Harald: a.a.O., S. 180 f.
[7] Vgl. Bruns, Enno: Kinokarten, in: PC GO!, o. JG., Nr. 12/95, Dezember 1995, S. 18
[8] Kreiß, Tino: Spea Play It, in: PC Direkt, o. JG., Nr. 10/95, Oktober 1995, S. 108
[9] Bruns, Enno: Auf Videosehen, in: PC GO!, o. JG., Nr. 11/95, November 1995, S. 22

Das z.B. auf einer CD vorliegende digitale Video wird in Echtzeit dekomprimiert und dann im Overlayverfahren am Monitor angezeigt. Die Bildqualität ist im wesentlichen vom Aufbau der Karte und des Videoprozessors abhängig (Vgl. Abb. 44).[1]

2.5.2.4. Die Genlockkarte

Sogenannte Genlockkarten sind Konverter, die RGB-Bildsignale in PAL-Signale umwandeln.[2] Mit einem Genlock lassen sich die Signale von Videoquellen mit einer PC-Grafik mischen, z.B. Schrifteinblendungen auf den Urlaubsvideos (Vgl. Abb. 45).[3]

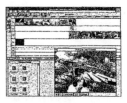

Abb. 45: Der Videoschnitt über den PC (Quelle:[4])

Das gemischte Signal kann man dann im Anschluß auf ein Fernsehgerät ausgeben oder mit einem Videorekorder aufgezeichnen.[5] Genlocks sind somit sehr komfortable, computergesteuerte Misch- und Schnittpulte mit Profi-Videotitling für die Nachbearbeitung von Videos.[6]

2.5.2.5. Die TV-Karte

Den Computerbildschirm als Fernseher verwenden, ohne auf den heutigen technischen Komfort zu verzichten, läßt sich durch eine TV-Karte bewerkstelligen. Durch den Einbau einer solchen Karte wird aus dem Computer ein kabeltaugliches Fernsehgerät - inklusive Videotextdekoder - mit einer Fülle von zusätzlichen Funktionen. Technisch gesehen handelt es sich bei der TV-Karte um eine Videooverlaykarte mit einem integrierten Fernsehtuner.[7]

Diese Karten arbeiten mit der mitgelieferten Software unter einer graphischen Benutzeroberfläche. Die Bedienung ist sehr einfach, alle Funktionen lassen sich in Menüs am Bildschirm einstellen. Das übertragene Fernsehbild ist frei skalierbar, jedoch nicht in Fernsehqualität und kann parallel zu anderen Anwendungen laufen. Zum hohen Komfort gehört das Videotextsystem mit reichhaltigen Funktionen, z.B. können ausgewählte Videotextseiten gespeichert oder ausgedruckt werden (Vgl. Abb. 46). Einzelne TV-Karten

[1] Vgl. o.V.: Weit ist der Weg nach Hollywood, a.a.O., S. 66 f.
[2] Vgl. Thompson, Steven A./ Aleshire, Keith: a.a.O., S. 188; Schmenk, Andreas/ Wätjen, Andreas: a.a.O., S. 97
[3] Vgl. Malzbender, Hildegard: Multimedia: a.a.O., S. 95
[4] Miro Computer Produkts AG: Digital Video - miro Video 20 TD live!, Verkaufsprospekt, eigene Publikation, 1995
[5] Vgl. Frater, Harald: a.a.O., S. 354; Müller, Armin: a.a.O., S. 81
[6] Vgl. Nicklas, Michael: a.a.O., S. 229; Spanik, Christian/ Rügheimer, Hannes: a.a.O., S. 386 f.
[7] Vgl. Petrowsky, Hans: a.a.O., S. 233; Börner, Wolfgang/ Schnellhardt, Günther: a.a.O., S. 205

besitzen zusätzlich eine Grabberfunktion für die Digitalisierung und Speicherung eines Fernsehstandbildes.[1]

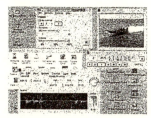

Abb. 46: Der MPC als Fernsehgerät (Quelle:[2])

2.5.2.6. Die Kombinationskarten zur Videobearbeitung

Die Musterlösung einer Videonachbearbeitungskarte in Studioqualität stammt von der Münchner Firma FAST (Vgl. Abb. 47). Mit der Erweiterungskarte „Video Machine" lassen sich Videos ansehen, Titel einblenden, Schnitte und Überblendungen vornehmen, mehrere Videoquellen mischen und in Verbindung mit einer Soundkarte Filme nachvertonen (Vgl. Abb. 48).[3] Besondere Ausstattungsmerkmale der Karte sind das „Blue-Box"-Verfahren, ein Framegrabber, unzählige Spezialeffekte für die Bildbearbeitung und eine Erweiterungsschnittstelle für einen Digitizer mit Hardwarekomprimierung.[4] Neben einem oder mehreren Videorecordern lassen sich auch Camcorder und Fernsehgerät anschließen.[5]

Abb. 47: Die Fast Movie Machine (Quelle:[6])

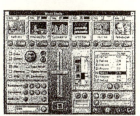

Abb. 48: Die Arbeitsoberfläche der Fast Movie Machine (Quelle:[7])

Über eine ähnliche Funktionsvielfalt verfügen auch die Erweiterungskarten anderer Hersteller z.B. Miro oder Aztech. Diese bieten sogar zusätzliche Funktionen wie eine integrierte Grafikkarte, Fernsehtuner, Digitizer oder Framegrabber, die allerdings keine Profiqualität aufweisen können, sondern eher für den Heimanwender gedacht sind.[8]

---

[1] Vgl. Humbert, Hans-Jürgen: Alles unter einem Dach, a.a.O., S. 8
[2] IBM Deutschland Informationssysteme GmbH (Geschäftssegment Multimedia): a.a.O., S. 16
[3] Vgl. Müller, Armin: a.a.O., S. 82 f.; Steinbrink, Bernd: a.a.O., S. 93 ff.
[4] Vgl. Spanik, Christian/ Rügheimer, Hannes: a.a.O., S. 381 f.
[5] Vgl. Ingenbleck, Werner: a.a.O., S. 380; Malzbender, Hildegard: Multimedia: a.a.O., S. 102
[6] Humbert, Hans-Jürgen: Alles unter einem Dach, a.a.O.; S. 8
[7] o.V.: Multimedia - Scheinwelt aus dem PC, a.a.O., S. 44
[8] Vgl. Miro Computer Products AG: a.a.O.; Saturn Hansa: Aztech Video Galaxy Gamma, in: Saturn Klicker, Ausgabe 1/96, Januar 1996, S.4

2.5.3. Der Computerbildschirm

2.5.3.1. Der Multisyncmonitor

Zu einem MPC gehört ein Farbmonitor, der technisch betrachtet ähnlich wie ein Fernsehgerät funktioniert, denn das Fernseh- bzw. Video-Signal und das VGA-Signal des PCs sind nicht identisch.[1] Auf dem Monitor werden sämtliche visuellen Informationen für den Multimediaanwender angezeigt.[2] Aus ergonomischen und gesundheitlichen Gründen sollte der Bildschirm qualitativ hochwertig, strahlungsarm, flimmerfrei und benutzerfreundlich gestaltet sein (Vgl. Abb. 49).[3]

Abb. 49: Der Monitor eines PC (Quelle:[4])

Die Kennziffern MPR II und TCO sind international anerkannte Richtlinien für den Schutz vor elektromagnetischer Strahlung. Ein Gerät, welches diese Normen erfüllt, befindet sich auf dem neuesten Stand der Technik und kann ohne Bedenken eingesetzt werden.[5] Ein Monitor ist flimmerfrei, sprich non-interlaced (NI), wenn die Bildwiederholungsfrequenz, auch mit Vertikalfrequenz bezeichnet, in der gewählten Bildschirmauflösung mindestens 70 Hz in der Sekunde beträgt. Die in kHz gemessene Horizontalfrequenz ergibt sich aus der Vertikalfrequenz multipliziert mit der Anzahl der Bildschirmzeilen in dieser Auflösung. Ein Monitor der 1024*768 Bildpunkte mit 72 Hz darstellen soll, benötigt daher mindestens eine Horizontalfrequenz von rund 59 kHz.[6] Multisync- oder Multifrequenzmonitore erkennen die von der Grafikkarte gesendeten verschiedenen Bildsignale und passen sich, entsprechend ihren Leistungsmöglichkeiten, an. Dabei werden die Horizontal- und Vertikalfrequenz, Bildgröße und Bildposition automatisch verändert und dadurch die bestmögliche Bilddarstellung sichergestellt.[7] Monitore mit 14 Zoll Bildschirmdiagonale haben sich als Standard durchgesetzt. Wer jedoch viel am Computer arbeitet, wie es bei Multimedia der Fall ist, sollte besser auf einen 17 oder 21 Zoll Bildschirm zurückgreifen, um die Augen zu schonen.[8] Besonders wichtig

[1] Vgl. Abb. 41: Das Funktionsprinzip eines Monitors, Anhang S. 115; Tab. 9: Der Vergleich von Video und VGA-Bild, S. 48
[2] Vgl. Tomsdorf, H./ Tomsdorf, M.: a.a.O., S. 54 f.
[3] Vgl. Rode, Hans Jürgen: a.a.O., S. 191 f.; Huttel Klaus Peter: a.a.O., S. 169 f.
[4] Kreiß, Tino: Miro D 2082F - Großflächiger Bildschirm für CAD, in: PC Direkt, o. JG., Nr. 12/95, Dezember 1995, S. 104
[5] Vgl. Müller, Armin: a.a.O., S. 31 f.; Malzbender, Hildegard: Photo-CD und PC: a.a.O., S. 66; Petrowsky, Hans: a.a.O., S. 100
[6] Vgl. Schlicht, Hans-Jürgen: a.a.O., S. 132 f.; Petrowsky, Hans: a.a.O., S. 97 u. S. 99
[7] Vgl. Schlicht, Hans-Jürgen: a.a.O., S. 132; Petrowsky, Hans: a.a.O., S. 98
[8] Vgl. o.V.: PC-Farbmonitore - Mehr Bild, mehr Komfort?, in: Stiftung Warentest, Nr. 8, August 1995, S. 57 f.; Malzbender, Hildegard: Multimedia: a.a.O., S. 64; Luckhardt, Norbert: Größer, schneller, schärfer, mehr..., in: c't, Magazin für Computer Technik, o. JG., Nr. 12/95, Dezember 1995, S. 160 ff.

ist es, daß sich Grafikkarte und Monitor in ihren Leistungsdaten entsprechen, d.h. aufeinander abgestimmt sind und so eine gute Bilddarstellung ermöglichen.[1]

2.5.3.2. Der Touch Screen

Bei diesen Monitoren handelt es sich um Multifrequenzmonitore mit einem Zusatzgerät (Touch-Panel), welches über eine berührungsempfindliche Oberfläche verfügt (Vgl. Abb. 50).[2] Für die Auswahl eines Menüpunktes einer auf diesen Geräten dargestellten Anwendung ist keine Maus oder Tastatur erforderlich, ein Fingerdruck des Benutzers auf den Bildschirm genügt.[3]

Abb. 50: Der Touchscreen (Quelle:[4])

Die Position des Fingers kann bei Touch-Panels mittels dreier Verfahren festgestellt werden. Dabei ist die Technik für die Messung elektrischer Kapazitätsveränderungen, der Infrarotabtastung oder der Druckermittlung entweder separat in den Zusatzgeräten oder direkt im Monitor integriert.[5] Selbstverständlich funktioniert ein solches System nur mit einer entsprechenden Software.[6] Die Einsatzgebiete solcher Monitore liegen besonders im POI- und POS-Bereich.[7]

2.5.3.3. Der LCD-Bildschirm

Diese leichten Spezialbildschirme finden sich vor allem in kleinen protablen Computern, sogenannten Laptops oder Notebooks. LCDs (Liquid Crystal Display) zeichnen sich durch ihr geringes Gewicht und einen sehr geringen Stromverbrauch aus (Vgl. Abb. 51). Im Gegensatz zu Monitoren sind diese Displays aufgrund ihrer Technik absolut strahlungsarm und flimmerfrei. Nachteilig wirkt sich hingegen die Trägheit der Darstellung bei schnellen Bildwechseln aus, zudem ist die Farbdarstellung und Auflösung begrenzt.[8]

---

[1] Vgl. Huttel Klaus Peter: a.a.O., S. 164; Nicklas, Michael: a.a.O., S. 80
[2] Vgl. Gertler, Nat: a.a.O., S. 44 f.
[3] Vgl. Schmenk, Andreas/ Wätjen, Andreas: a.a.O., S. 135
[4] Eigene Abb.
[5] Vgl. Müller, Armin: a.a.O., S. 35 f.
[6] Vgl. Nicklas, Michael: a.a.O., S. 230
[7] Vgl. 2.8. Die Information, S. 85 ff.
[8] Vgl. Müller, Armin: a.a.O., S. 34 f.

Abb. 51: Der LCD-Bildschirm beim Notebook (Quelle:[1])

LCD-Bildschirme im 17 Zoll-Format oder größer sind in der Herstellung:um ein vielfaches teuer als vergleichbare Monitore. Der Fortschritt der Technik in diesem Bereich läßt jedoch die Vermutung zu, daß LC-Displays in wenigen Jahren nicht mehr nur in portablen MPCs Verwendung finden.[2]

2.5.4. Der Scanner

Über einen Scanner können Bilder, Grafiken und Texte in den Rechner eingelesen und in einem beliebigen Grafikformat abgespeichert werden.[3] Die Funktionsweise entspricht im Grunde der eines Fotokopierers, d.h. die Vorlage wird durch eine im Scanner integrierte Lichtquelle Zeile für Zeile beleuchtet. Das reflektierte Licht wird von einem Sensor gelesen, mittels Analog/Digital-Wandler digitalisiert und als Datei gespeichert. Diese digitalisierte Vorlage kann danach mit anderen Softwareprogrammen weiterverarbeitet werden.[4]

Abb. 52: Der Flachbrettscanner (Quelle:[5])

Im allgemeinen unterscheidet man bei Scannern zwischen zwei Typen. Erstens dem Handscanner, der größer als eine Maus ist und über die Vorlage geführt wird. Die Auflösung und der Komfort sind bei diesen Modellen begrenzt, außerdem lassen sich z.B. keine ganzen DIN A4 Seiten einscannen. Zweitens der Flachbrettscanner, er ähnelt äußerlich kleinen Tischfotokopierern (Vgl. Abb. 52). Die Vorlage wird hierbei auf das Gerät gelegt und die Abdeckung geschlossen, danach der Scannvorgang gestartet. Die Auflösung, Scangeschwindigkeit und Farbtiefe sind wesentlich besser als bei den Handscannern. Hand-

---

[1] DELL Computer GmbH: Latitude Notebook, Verkaufsanzeige, in: PC Direkt, o. JG., Nr. 10/95, November 1995, Rückseite
[2] Vgl. Müller, Armin: a.a.O., S. 35
[3] Vgl. Frater, Harald: a.a.O., S. 275 u. S. 355
[4] Vgl. Tornsdorf, H./ Tornsdorf, M.: a.a.O., S. 37; Gärtner, Gerold: PC-Vernetzung, 1. Auflage, Düsseldorf 1993, S. 71; Schlicht, Hans-Jürgen: a.a.O., S. 61 ff.
[5] Gmehling, Norbert/ Hellinger, Erwin: Trust Imagery 1200, in: PC Direkt, o. JG., Nr. 11/95, November 1995, S. 100

und Flachbrettscanner sind sowohl in einer graustufen- und TrueColor-fähigen Version erhältlich.[1]

2.6. Die Sound-Hardware

Durch den Einbau einer Soundkarte (Vgl. Abb. 53) kann der Computer in Verbindung mit einem CD-ROM-Laufwerk und zwei Lautsprechern Musik-CDs abspielen. Ferner ist die Untermalung von Präsentationen, Anwendungsprogrammen und Spielen mit Musik, Klang und Tönen möglich.[2] Neben der Verwendung von künstlich erzeugten Klangwellen kann eine Soundkarte analoge Musik, Töne oder Klänge, die über den Audioeingang der Karte eingespielt werden, digital aufzeichnen und mischen. Außerdem ist der Benutzer in der Lage mit der entsprechenden Software selbst Musikstücke zu erstellen, diese zu digitalisieren und abzuspeichern.[3]

Abb. 53: Die Soundkarte (Quelle:[4])

Über eine genormte Schnittstelle (MIDI) ist eine Steuerung sowie das Abspielen der erstellten Musikstücke über die angeschlossenen elektronischen Musikinstrumente möglich.[5] Ferner kann die menschliche Sprache gespeichert und wiedergegeben werden. Dabei ist es sogar möglich, über Mikrophon gesprochene Kommandos vom Computer in Programmbefehle umsetzen zu lassen, wenn dafür eine entsprechende Software installiert wurde.[6]

2.6.1. Die Soundkarte

Die Funktionsweise einer Soundkarte beruht auf der digitalen Tontechnik. Im Gegensatz zur analogen Tontechnik, wo eine kontinuierliche Übertragung vollzogen wird, werden bei einer Aufnahme über die Soundkarte nur Meßwerte zu bestimmten Zeitpunkten aufgezeichnet, das Signal wird also digitalisiert.[7] Das Ergebnis einer Aufzeichnung wird um so besser, je geringer der Abstand zwischen den Meßzeitpunkten ist (Vgl. Abb. 54).[8]

---

[1] Vgl. Kotzsch, Roman: a.a.O., S. 4–10 f; Schlicht, Hans-Jürgen: a.a.O., S. 61 ff.; Wratil, Peter: a.a.O., S. 55 ff.
[2] Vgl. Müller, Armin: a.a.O., S. 55 f.
[3] Vgl. Thompson, Steven A./ Aleshire, Keith: a.a.O., S. 119 f.; Petrowsky, Hans: a.a.O., S. 158 f.
[4] Humbert, Hans-Jürgen: Alles unter einem Dach, a.a.O., S. 6
[5] Vgl. Spanik, Christian/ Rügheimer, Hannes: a.a.O., S. 201 f.; Müller, Armin: a.a.O., 63 f.
[6] Vgl. Hahn, Harald: a.a.O., S. 121; Börner, Wolfgang/ Schnellhardt, Günther: a.a.O., S. 107
[7] Vgl. Steinbrink, Bernd: a.a.O., S. 161 f.; Rode, Hans-Jürgen: a.a.O., S. 197; Thompson, Steven A./ Aleshire, Keith: a.a.O., S. 121
[8] Vgl. Rode, Hans-Jürgen: a.a.O., S. 197; Müller, Armin: a.a.O., S. 56 f.; Kiermeier, Michael: a.a.O., S. 146 f.

Abb. 54: Das analoge und digitale Erfassen von Frequenzen (Quelle:[1])

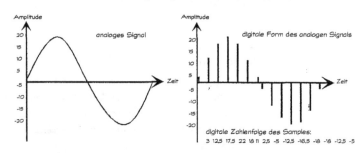

Um ein analoges Signal, dabei kann es sich um Sprache, Musik, Töne oder Geräusche handeln, in ein digitales Signal umzuwandeln und umgekehrt, wird ein Konverter benötigt.[2] Es handelt sich dabei um die sogenannten A-/D- (Analog/Digital) und D-/A- (Digital/Analog) Konverter.[3] Die Häufigkeit mit der das analoge Signal abgetastet wird, bezeichnet man als Sampling-Rate oder Abtastfrequenz, wobei das englische „Sample" soviel wie Klangprobe bedeutet.[4] Die Tonaufzeichnungen auf einer Audio-CD werden z.B. in 44,1 kHz pro Sekunde mit 16 Bit gesampelt.[5] Die Bits geben die Anzahl der zur Verfügung stehenden Werte für die Codierung an. Samplingrate und Bitbreite bestimmen daher zusammen die Auflösung des Tonsignals und damit die Qualität der Aufzeichnung.[6] Den Soundkarten beiliegende Software erleichtert die Aufzeichnung und Bearbeitung von Tonsignalen. Alle Funktionen lassen sich über Menüs und Icons anwählen und das Tonsignal wird visuell dargestellt (Vgl. Abb. 55).

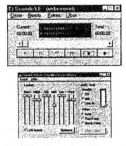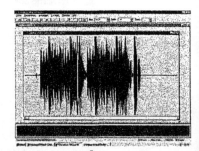

Abb. 55: Die Klangbearbeitung mit der Soundkarte (Quelle:[7])

Mit Soundkarten lassen sich aber nicht nur Aufzeichnungen durchführen und wiedergeben, sondern auch künstlich Klänge erzeugen. Ein Ton ist nichts anderes als eine bzw. mehrere

---

[1] Vgl. Steinbrink, Bernd: a.a.O., S. 163; Spanik, Christian/ Rügheimer, Hannes: a.a.O., S. 191; Kiermeier, Michael: a.a.O., S. 147
[2] Vgl. Rougé, Daniel: a.a.O., S. 32 f.; Nicklas, Michael: a.a.O., S. 221
[3] Vgl. Hahn, Harald: a.a.O., S. 122; Rode, Hans-Jürgen: a.a.O., S. 196
[4] Vgl. Schmenk, Andreas/ Wätjen, Andreas: a.a.O., S. 121; Müller, Armin: a.a.O., S. 59
[5] Vgl. Schlicht, Hans-Jürgen: a.a.O., S. 107; Thompson, Steven A./ Aleshire, Keith: a.a.O., S. 122 f.; Schmenk, Andreas/ Wätjen, Andreas: a.a.O., S. 123
[6] Vgl. Thompson, Steven A./ Aleshire, Keith: a.a.O., S. 123; Spanik, Christian/ Rügheimer, Hannes: a.a.O., S. 196 ff.; Kiermeier, Michael: a.a.O., S. 53 f.
[7] Creative: Wave-Studio, Sound LE und SB PRO Mixer, 1992

Wellenformen. Die Anzahl der Schwingungen einer Welle pro Sekunde nennt man Frequenz. Verändert man diese Wellenform mit Hilfe der FM-Synthese (Frequenz-Modulation) durch die Überlagerung mit einer oder mehrerer Wellen, so läßt sich der Ton verändern. Möglich wird dies durch sogenannte Sinusgeneratoren auf der Soundkarte.[1] Dieses Verfahren ist relativ aufwendig, so daß auf heutigen Soundkarten dafür ein eigener Chip untergebracht ist. Die häufig zu findende Bezeichung OPL-Chip stammt, sowie der Chip selbst, von Yamaha.[2]

Eine MIDI-Unterstützung bei Soundkarten ermöglicht die Steuerung von elektronischen Musikinstrumenten über deren MIDI-Schnittstelle.[3] Mitunter befindet sich auch ein Digital Signal Prozessor (DSP) auf der Soundkarte, der die Rechner-CPU entlastet und Komprimierungs- bzw Dekomprimierungsroutinen mittels ADPCM durchführt.[4]

2.6.2. Das Wavetableboard

Wavetableboards verwenden im Gegensatz zu den normalen Soundkarten ROM-Chips zur Erzeugung von Klängen. In diesen ROMs sind die Grundtöne verschiedener Musikinstrumente digital gespeichert, die schnell abgerufen werden können. Ein DSP-Chip wandelt dann bei Bedarf den Grundton in Klangfarbe und Tonhöhe entsprechend ab.[5] Die Digitalisierung analoger Signale erfolgt kongruent zu dem Verfahren, das bereits bei den Soundkarten beschrieben wurde.[6]

Wavetableboards arbeiten wesentlich schneller als Soundkarten und das Tonsignal des DSP-Chips klingt meist wirklichkeitsnäher. Allerdings sind sie in der Anzahl der spielbaren Musikinstrumente beschränkt, was von der Höhe des auf der Karte zur Verfügung stehenden Speichers abhängig ist.[7] Auf den Wavetableboards der neuesten Generation führt der dort integrierte OPL4 von Yamaha FM- und Wavetable-Synthese gleichzeitig durch. Damit besitzen diese Boards eine größere Kompatibilität und können flexibel eingesetzt werden.[8]

2.6.3. Die Radiokarte

Radiokarten bieten dem Anwender über das eingebaute Rundfunkempfangsteil dieselbe Programmvielfalt wie ein herkömmliches Radio. Die Bedienung erfolgt durch ein Softwareprogramm, über das sämtliche Funktionen eingestellt werden können. Die Karte wird

---

[1] Vgl. Hahn, Harald: a.a.O., S. 123; Rode, Hans-Jürgen: a.a.O., S. 196
[2] Vgl. Hahn, Harald: a.a.O., S. 123 f.; Spanik, Christian/ Rügheimer, Hannes: a.a.O., S. 192
[3] Vgl. Nicklas, Michael: a.a.O., S. 222; Schmenk, Andreas/ Wätjen, Andreas: a.a.O., S. 123; Petrowsky, Hans: a.a.O., S. 166
[4] Vgl. Thompson, Steven A./ Aleshire, Keith: a.a.O., S. 124; 2.4.2.1.3. Die CD-ROM/XA, S. 38 f.
[5] Vgl. Hahn, Harald: a.a.O., S. 124; Petrowsky, Hans: a.a.O., S. 161 f.
[6] Vgl. Rode, Hans-Jürgen: a.a.O., S. 196
[7] Vgl. Hahn, Harald: a.a.O., S. 124
[8] Vgl. Petrowsky, Hans: a.a.O., S. 162 f.

auf der Rückseite mit der normalen Hausantenne oder einer Rahmenantenne und einem Paa Lautsprecher verbunden.[1]

2.6.4. Der Lautsprecher und das Mikrophon

Nötig sind die Audiolautsprecher, damit die von der Soundkarte produzierten Klänge akustisc wiedergegeben und vom Menschen wahrgenommen werden können. Zur Aufzeichnung vo akustischen Signalen, die der Spracheingabe und -steuerung des MPCs dienen, wird ei Mircophon benötigt. Je nach Einsatz des MPCs müssen die Klang-, Aufnahme- un Herstellqualität von Mikrophon und Lautsprecher besonders berücksichtigt werden.[2]

Der Anwender kann den Computer, d.h. die Soundkarte, mit einer Hifi-Anlage verbinden un für die Sound-Ausgabe die dort vorhandenen Lautsprecher nutzen. Die zweite Möglichke sieht die Benutzung kleiner Standlautsprecher vor, die ebenfalls mit der Soundkarte verbunde und normalerweise auf beiden Seiten des Monitors positioniert werden. Diese Lautspreche besitzen zum Teil eigene Verstärker und sind mit unterschiedlichen Ausgangsleistungen sowi Abmessungen erhältlich (Vgl. Abb. 56).[3]

Abb. 56: Die PC-Lautsprecher (Quelle:[4])

2.7. Die Multimedia-Kommunikations-Hardware

Unter einem Netzwerk versteht man zwei oder mehrere PCs, die miteinander übe Datenleitungen verbunden sind (Vgl. Abb. 57).[5] Über ein Netzwerk lassen sich alle Arten vc Medien in digitaler oder analoger Form, je nach Art des Netzwerkes, übertragen. Bei Beda

---

[1] Vgl. Humbert, Hans-Jürgen: Alles unter einem Dach, a.a.O., S. 8
[2] Vgl. Thompson, Steven A./ Aleshire, Keith: a.a.O., S. 135 u. S. 137; Spanik, Christian/ Rügheimer, Hannes: a.a.O.
S. 204 f.; Kiermeier, Michael: a.a.O., S. 28
[3] Vgl. Humbert, Hans-Jürgen: Soundcheck, a.a.O., S. 44 f.; o.V.: Multimedia - Scheinwelt aus dem PC, a.a.O., S. 43
[4] Humbert, Hans-Jürgen: Soundcheck, in: PC GO!, o. JG., Nr. 12/95, Dezember 1995, S. 44
[5] Vgl. James, Mike: PC-Netzwerke: Preiswerte Lösungen, München 1989, S. 3

stellt ein zusätzlicher PC, ein sogenannter Server, den vernetzten Computern seine gesamte Hardware zur Verfügung und verwaltet das Netz (Vgl. Abb. 57).[1]

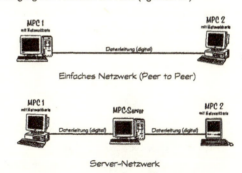

Abb. 57: Der schematische Aufbau von Netzwerken (Quelle:[2])

Netzwerke lassen sich bezüglich ihrer räumlichen Abgrenzung in LANs (Lokal Area Networks) und WANs (Wide Area Networks) unterteilen.[3] Die Verkettung von Netzwerken mit unterschiedlichen Typologien wird als Internetworking bezeichnet und bedarf verschiedener Dienste, um eine Verbindung zwischen den Netzen zu schaffen.[4] Sollen über die Netzwerke große Datenbestände gesendet werden, wie sie z.B. bei Videos entstehen, werden sehr hohe Rechenleistungen und effiziente Komprimierungsverfahren[5] benötigt. Außerdem müssen die Eigenschaften des verwendeten Netzes berücksichtigt werden.[6]

2.7.1. Die Hardware zur LAN-Nutzung

Ein Kennzeichen lokaler Netze ist die enge räumliche Beziehung der PCs zueinander. Beispielsweise könnte man alle vorhandenen PCs innerhalb eines Raumes oder Gebäudes lokal vernetzen. Bei LAN-Netzwerken handelt es sich zumeist um private Netze, d.h. es fallen keine Gebühren an, die an Dritte abgeführt werden müssen.[7]

Ein MPC wird mit Hilfe einer Netzkarte, die wohl gängigsten sind Ethernet, Arcnet und Token Ring, in ein LAN integriert.[8] Dabei werden die MPCs mit einer Datenleitung verbunden,

---

[1] Vgl. Weidner, Walther: Organisation in der Unternehmung - Aufbau- und Ablauforganisation, Methoden und Techniken praktischer Organisationsarbeit, 4. überarbeitete Auflage, München/ Wien 1992, S. 169 f.
[2] Eigene Abb.
[3] Vgl. Lentzen, Walter: Modems im Einsatz: Der Schlüssel zur Datenkommunikation über das Telefonnetz, Bergheim 1992, S. 18
[4] Vgl. Plattner, Bernhard: X.400, elektronische Post und Datenkommunikation: Die Normen und ihre Anwendung, 3. überarbeitete und erweiterte Auflage, hrsg. v. Plattner, B./ Lanz, G./ Lubich, H./ Müller, M./ Walter, T., Bonn 1993, S.98 f.
[5] Vgl. 2.5.2.2. Die Echtzeit-Videodigitizerkarte mit Hardwarekomprimierung, S. 49 f.
[6] Vgl. Encamação, José L/ Noll, Stefan/ Schiffer, Nobert: a.a.O., S. 8
[7] Vgl. Gärtner, Gerold: a.a.O., S. 14; Weidner, Walter: a.a.O., S. 167 ff.
[8] Vgl. Abb. 58: Die Arten der LAN-Netzwerke, Anhang S. 115

hierfür werden Koaxial-, verdrillte Kupfer-, oder Lichtleiterkabel verwendet.[1] Die Netzwerkkarten sind mit einem 8, 16 oder 32 Bit-Bus ausgestattet und die Datenübertragungsraten liegen zwischen 4 und 16 MBit pro Sekunde. Dies ist zu langsam für Multimediaanwendungen, so daß auch hier Komprimierungsverfahren eingesetzt werden müssen, um einen kontinuierlichen Datenfluß sicherzustellen.[2] Netzwerkkarten der neuesten Generation können mit einer Datenübertragungsrate von 100 MByte/s aufwarten, wie die Intel „Ether Express", die speziell für den Einsatz in Rechnern mit Pentium-CPU entwickelt wurde.[3]

Grundlegend für die Datenübertragung im Netzwerk ist das Sammeln der zu sendenden Daten in Paketen, vor allem bei Audio- und Videodaten. Für die Orientierung im Netz werden Zusatzinformationen, z.B. Quell- und Zieladresse mitgesendet. Ferner wird vom Sender ein bestimmter Empfängerkreis definiert, das bedeutet, daß die Informationen nicht jedem Anwender im Netzwerk zur Verfügung stehen.[4]

Immer größere Anwendung in Unternehmen finden Peer-to-Peer-Netze, bei der jeder Anwender auf die Hardware aller anderen Nutzer zurückgreifen kann. Durch die beachtliche Performance heutiger PCs entfällt der kostspielige Server, allerdings benötigt jeder einzelne Rechner ein voll netzwerktaugliches Betriebssystem.[5]

Die Leistungsfähigkeit lokaler Netzwerke ist beachtlich, so lassen sich z.B. bereits das Bildtelefon, Videokonferenzen, Informationssysteme, Joint Editing sowie Voicemail verwirklichen.[6] Einsatzmöglichkeiten multimedialer Netzwerke bieten sich insbesondere in der Wirtschaft, die von den vielen Vorteilen, wie Arbeitszeiteinsparung und bessere Arbeitsergebnisse, profitiert.[7]

2.7.2. Die Hardware zur WAN-Nutzung

Unter „Wide Area Networks" versteht man Netzwerke, die räumlich weit entfernte Personal Computer miteinander verbinden. Das Telefonnetz der Deutschen Telekom kann man wohl als das größte WAN-Netzwerk in der BRD bezeichnen.[8]

Ein Telefon ist praktisch in jedem Haushalt vorhanden und stellt damit eine einfache Möglichkeit dar, über das Leitungsnetz Daten jeder Art, seien es Programme, Texte, Grafiken,

---

[1] Vgl. Gärtner, Gerold: a.a.O., S. 22 ff.
[2] Vgl. Steinbrink, Bernd: a.a.O., S. 321; Gärtner, Gerold: a.a.O., S. 22 ff.
[3] Vgl. Intel: Der Intel Ether Express PRO/100 Netzadapter, Werbeanzeige, in: Computerwoche, 22. JG., Nr. 19, 12. Mai 1995, S. 31
[4] Vgl. Steinbrink, Bernd: a.a.O., S. 322
[5] Vgl. Huttel Klaus Peter: a.a.O., S. 295 u. S. 299
[6] Vgl. 2.2. Die Kommunikation, S. 71 ff.
[7] Vgl. Steinbrink, Bernd: a.a.O., S.57
[8] Vgl. Huttel, Klaus Peter: a.a.O., S. 291

Sprache oder Videos, von einem zum anderen PC zu übertragen.[1] Das Telefonnetz arbeitet allerdings teilweise analog. Da aber die Daten der PCs in digitaler Form vorliegen, wird für die Nutzung des Telefonnetzes ein Modem erforderlich, das die Signale umwandelt und an den Empfänger überträgt (Vgl. Abb. 59).[2]

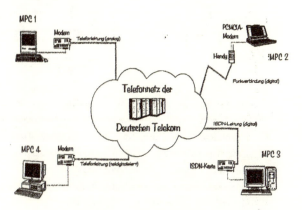

Abb. 59: Die MPC-Kommunikation über das Telefonnetz (Quelle:[3])

Neben dem analogen Telefonnetz gibt es auch die Möglichkeit, die Datenfernübertragung (DFÜ) über die sehr viel schnelleren, digitalen Datex-P- oder ISDN-Netze der Telekom vorzunehmen. Die Inanspruchnahme oben aufgeführter Netze der Telekom führt zu sehr unterschiedlichen Gebühren.[4]

In jüngster Zeit wird besonders das ISDN-Netz der Telekom weiter ausgebaut. Hierbei handelt es sich um ein schnelles, universelles sowie digitales Netz.[5] Die Datenübertragung wird über ein Kupferkabel vorgenommen. Mit 2 Nutzkanälen von je 64.000 Bit/s ist die Übertragungsgeschwindigkeit schon groß, jedoch nur bedingt ausreichend für Multimediaanwendungen.[6]

Noch einen Schritt weiter geht man mit der Einführung von Breitband-Glasfaserkabeln zur Datenfernübertragung, die als das zukunftsträchtigste Medium gelten.[7] Eine Leuchtdiode oder ein Laser ersetzen bei der Übertragung, die sonst üblichen Elektronen, die gesendeten Lichtimpulse werden beim Empfänger decodiert Vgl. Abb. 60).[8] Durch diese Übertragungstechnik können Telefonate, die Fernseh- und die PC-Datenübertragung eines Teilnehmers über lediglich zwei einzelne Glasfasern gleichzeitig abgewickelt werden.

[1] Vgl. Müller, Armin: a.a.O., S. 88
[2] Vgl. Lentzen, Walter: a.a.O., S. 19; Wratil, Peter: a.a.O., S. 54; 2.7.2.1. Das Modem, S. 63
[3] Eigene Abb.
[4] Vgl. Tab. 10: Die DFÜ-Netze der Deutschen Telekom, Anhang S. 116
[5] Vgl. Malzbender, Hildegard: Photo-CD und PC: a.a.O., S. 154
[6] Vgl. Weidner, Walther: a.a.O., S. 137 f.; Steinbrink, Bernd: a.a.O., S. 325
[7] Vgl. Neuerburg, Hans-Jürgen: a.a.O., S. 21
[8] Vgl. James, Mike: a.a.O., S. 195 f.; Wratil, Peter: a.a.O., S. 66

Realisierbar sind dann Übertragungsraten von 140 und 565 MBit/s bis zu 1,8 GBit/s. In einigen Städten werden mit dem Lichtleiter Praxisversuche und Testreihen durchgeführt.[1]

Abb. 60: Die Datenübertragung im Glasfasernetz (Quelle:[2])

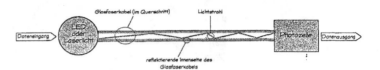

Erst mit der Bereitstellung eines sehr leistungsfähigen Breitband-Glasfaserkabelnetzes, an das alle Verbraucher angeschlossen sind, wird Multimedia für jedermann ohne räumliche Begrenzung möglich sein. Über große Distanzen lassen sich dann auch die Verfahren durchführen, die bereits in LANs erfolgreich genutzt werden. Bis dahin werden Wide Area Networks weiterhin nicht voll multimediatauglich sein, denn vorallem die Echtzeitdarstellung von Videos ist mit der derzeitigen Übertragungstechnik, trotz Komprimierungsverfahren für Bewegtbilder, nur eingeschränkt realisierbar.[3]

2.7.2.1. Das Modem

Die Aufgabe des Modems ist es, digitale Signale des PCs in analoge, akustische Signale und umgekehrt, umzuformen. Zu diesem Zweck besitzt das Modem einen DA/AD-Wandler. Man bezeichnet dies als Modulation und Demodulation, daher auch der Name Modem.[4]

Moderne Modems übertragen die Daten seriell, d.h. ein Zeichen nach dem anderen im Vollduplex-Betrieb. Vollduplex bedeutet, daß der Sende- und Empfangsbetrieb gleichzeitig stattfinden kann. Die Geschwindigkeit der Übertragung kann dabei bis zu 28.800 Bit/s betragen (Vgl. Tab. 11).[5]

Zeitvergleich bei der Übertragung von 100 KByte Daten					
Übertragungsgeschwindigkeit in Bit/s	300	2.400	9.600	14.400	28.800
Benötigte Zeit in Minuten	48	6	1,5	1	0,5

Tab. 11: Der Zeitvergleich einer Datenübertragung mittels Modem (Quelle:[6])

Die Geschwindigkeit wird vielfach auch in Baud oder mit einer V. Nummer, die einen Standard bezeichnet, angegeben. Ein heutiges Modem sollte mindestens in der Lage sein, mit

---

[1] Vgl. Steinbrink, Bernd: a.a.O., S. 325 ff.; Weidner, Walther: a.a.O., S. 138 f.
[2] Vgl. James, Mike: a.a.O., S. 196
[3] Vgl. Hünseler, Anton/ Kanzow, Jürgen: Möglichkeiten für interaktive Services -Multimedia on Demand-, in: „Deutscher Multimedia Kongreß '95 - Auffahrt zum Information Highway", hrsg. v. Glowalla, U., Berlin/ Heidelberg 1995, S. 85; Steinbrink, Bernd: a.a.O., S. 60 u. S. 325
[4] Vgl. Wratil, Peter: a.a.O., S. 54; Malzbender, Hildegard: Photo-CD und PC: a.a.O., S. 151
[5] Vgl. Lentzen, Walter: a.a.O., S. 44 u. S. 49
[6] Obermayer, Theo: a.a.O., S. 204

14.400 Bit/s, das entspricht der V.32bis, zu senden und zu empfangen.[1] Zusätzlich können die meisten Modems mit Hilfe der Datenkompression, dabei sind mehrere genormte Verfahren möglich, die Durchsatzrate noch erhöhen.[2]

Abb. 61: Das externe Modem (Quelle: [3])

Modems sind als interne Steckkarten für den PC, als externe Geräte (Vgl. Abb. 61) oder in Miniaturform für ein Notebook, sogenannten PCMCIA-Karten, erhältlich.[4]

2.7.2.2. Die ISDN-Karte [5]

Bietet sich dem Anwender die Möglichkeit für die Datenübertragung via PC einen ISDN-anstelle des normalen Telefonanschlusses zu nutzen, so wird eine ISDN-Karte oder ein externer Adapter notwendig (Vgl. Abb. 62). Die Aufgabe dieser Zusatzgeräte besteht darin, die digitalen Daten des PCs systemgerecht zu senden und zu empfangen. Karte oder Adapter können über einen eigenen Prozessor verfügen, dadurch wird die Rechner-CPU während des Betriebs nicht belastet.

Abb. 62: Die ISDN-Karte (Quelle:[6])

An einem ISDN-Anschluß lassen sich bis zu acht einzelne ISDN-Geräte parallel betreiben und Dienste wie das Bildtelefon oder Fax nutzten. Die zur Zeit erhältlichen ISDN-Karten senden und empfangen digital mit 64 KBit/s. Nach Einführung des Breitbandnetzes können Übertragungsgeschwindigkeiten im MBit oder GBit-Bereich erreicht werden.

2.7.2.3. Die Faxkarte

Der PC läßt sich auch als Faxgerät verwenden, nötig ist dafür eine Faxkarte sowie ein Modem. Die Umwandlung von Texten übernimmt die Faxkarte, während das Modem die Daten

[1] Vgl. Lentzen, Walter: a.a.O., S. 74, S.89 f.
[2] Vgl. Obermayer, Theo: a.a.O., S. 208
[3] Wittmann, Thomas/ Kreiß, Tino: I&I Skycomet 28.800, in: PC Direkt, o. JG., Nr. 10/95, Oktober 1995, S. 96
[4] Vgl. Lentzen, Walter: a.a.O., S. 95 ff.; Tornsdorf, H./ Tornsdorf, M.: a.a.O., S. 78; Strass, Hermann: Massenspeicher optimal einsetzen: a.a.O., S. 153
[5] Vgl. Malzbender, Hildegard: Photo-CD und PC: a.a.O., S. 157 ff.
[6] Wittmann, Thomas/ Hellinger, Erwin: TLKI 611 ISDN-Karte, in: PC Direkt, o. JG., Nr. 10/95, Oktober 1995, S. 94

überträgt.[1] Die abzusendenden Dokumente werden mit einem Textverarbeitungsprogramm erstellt, empfangene Faxe können auf diesem Weg angesehen oder zusätzlich auf einem vorhandenen Drucker ausgegeben werden.[2]

Neben der getrennten Lösung von Fax und Modem gibt es auch die Kombination beider Geräte, die auf einer Steckkarte untergebracht ist. Diese Karten werden als Faxmodems bezeichnet und sind eine platzsparende Alternative, die heute der Regelfall ist.[3] Besonders benutzerfreundlich sind Faxmodems, die selbständig im Hintergrund (aufgrund eines eigenen Prozessors) arbeiten. Der Benutzer muß dabei eine Anwendung nicht verlassen, um das Fax entgegenzunehmen. Die Faxkarte, bzw. das Faxmodem, arbeitet wie normale Modems mit unterschiedlichen Geschwindigkeiten und Kompressionsverfahren.[4]

2.7.2.4. Die Multimedia -Videokonferenzsysteme

Bestandteile solcher Systeme sind, neben den gewöhnlichen Hardwareelementen, eine Videokamera, Digitizer, De- und Entkomprimierer (speziell für Bilddaten), Technik für die Telekommunikation, Lautsprecher, Mikrophon und eine benutzerfreundliche Software.[5] Mehrere Personen, die sich an räumlich verteilten Punkten befinden, können durch ein solches Videokonferenz- bzw. Face-To-Face-System miteinander visuell und akustisch kommunizieren (Vgl. Abb. 63). Ein Zentralsystem kann dabei die Steuerung und Verteilung der Informationen zwischen allen Teilnehmern übernehmen.[6]

Abb. 63: Die Videokonferenz (Quelle:[7])

Kleine Komplettlösungen, wie Intels „Proshare", „Share Vision PC3000" von Creativ Technology Ltd. oder ELSAvision von ELSA, ermöglichen die gemeinsame Dokumenten bearbeitung, die audiovisuelle Kommunikation und den elektronischen Datenaustausch. Di

---

[1] Vgl. Lentzen, Walter: a.a.O., S. 98 f.
[2] Vgl. Lentzen, Walter: a.a.O., S. 98 f.
[3] Vgl. Obermayer, Theo: a.a.O., S. 209
[4] Vgl. Lentzen, Walter: a.a.O., S. 144 f.
[5] Vgl. Cordes, Ralf: Multimediakommunikation in privaten Netzen, in: Multimedia - Neue Anwendungen in der Telekommunikation, Arbeitsgemeinschaft VDE-Bezirksverein Frankfurt am Main vom 25.01. bis 15.02.1993, hrsg. v. Forst, H. J.,Berlin/ Offenbach 1993, S. 40; Müller, Armin: a.a.O., S. 92 f.
[6] Vgl. Encarnação, José L/ Noll, Stefan/ Schiffer, Norbert: a.a.O., S. 10
[7] Pich, Joachim: a.a.O., S. 256

Datenübertragung wird bei diesen relativ preisgünstigen Systemen über ISDN und bei der Creative-Lösung über das normale Telefonnetz vorgenommen.[1]

2.8. Das Multimedia-Notebook

Notebooks, auch Laptops genannt, verkörpern eine neue Generation von kleinen, handlichen, leistungsstarken und mobilen Computern. Notebooks geben dem Benutzer eine gewisse Freiheit. Er kann zu jeder Zeit an jedem Ort mit seinem Computer arbeiten, solange ein Netzanschluß verfügbar ist oder die Akkus noch genügend Energie liefern. Aufgrund der geringen Abmessungen, der großen Leistungsfähigkeit und Mobilität eignen sich solche Geräte mit entsprechender Ausstattung ideal für multimediale Präsentationen oder Vorträge.[2]

Abb. 64: Das Multimedia-Notebook (Quelle:[3])

In punkto Funktionalität und Leistungsfähigkeit unterscheiden sich heutige Multimedia-Notebooks kaum von MPCs im Tower- oder Desktopgehäuse. Sämtliche Hardwareelemente, vom CD-ROM-Laufwerk über Grafik- und Soundkarte bis zum Fax-Modem, sind in einer Miniaturausführung erhältlich (Vgl. Abb. 64). Mittlerweile lassen sich auf den LCD-Farb-Displays sogar 800*600 Bildpunkte in 65.000 Farben darstellen.[4]

3. Die Software multimedialer Computersysteme

3.1. Das Betriebssystem

Ein Betriebssystem ist für die Funktionstüchtigkeit eines PCs unerläßlich, es verwaltet den Computer, übersetzt dem Computer die Befehle des Anwenders und umgekehrt. Das Betriebssystem ist eine komfortable Schnittstelle zwischen dem Benutzer und dem Computer.[5]

---

[1] Vgl. Holzwart, Gerhard: Videokonferenz: Mit Multimedia das Ohr am Puls der Zeit haben, in: Computerwoche, 22. JG., Nr. 9, 3. März 1995, S. 67-69; Tiefenthaler, Peter/ Koser, Wolfgang: Alles für die Konferenz, in: DOS-International, o. JG., Nr. 1/96, Januar 1996, S. 11
[2] Vgl. Hahn, Harald: a.a.O., S. 406; Spanik, Christian/ Rügheimer, Hannes: a.a.O., S. 401 f.
[3] Texas Instruments: Extensa 550 CDT, Verkaufsanzeige, in: PC Direkt, o. JG., Nr. 12/95, Dezember 1995, S. 79 f.
[4] Vgl. Kinnebrock, Wolfgang: a.a.O., S. 49 f.
[5] Vgl. Steinmetz, Ralf: a.a.O., S. 209 f.

Das MS-DOS, in Verbindung mit der graphischen Benutzeroberfläche Windows, von der Firma Microsoft, gehören zu den weitverbreitesten.[1] 1993 waren auf über 55 Millionen PCs weltweit DOS und Windows installiert. Man schätzt, daß monatlich ca. 2 Millionen Neuinstallationen hinzukommen.[2] 1995 betrug der Marktanteil der im Heimbereich installierten Betriebssysteme in den USA für Windows 55 % und der von reinem DOS 24 %, auf OS/2 entfielen lediglich 2 %.[3]

Ein wesentlicher Nachteil des erfolgreichen Betriebssystems DOS (inklusive Windows) ist jedoch die nicht vorhandene Fähigkeit, 16 oder 32 MByte Hauptspeicher linear zu adressieren. Außerdem bremst DOS als 16 Bit-Betriebssystem modernere 32-Bit Prozessoren aus.[4] OS/2 von IBM aus dem Jahre 1993 und das neue, im September 1995 erschienene, Betriebssystem Windows 95 von Microsoft heben als 32-Bit-Betriebssysteme die Grenzen von DOS auf. Zwischen den Giganten IBM und Microsoft entstand bereits vor Markteinführung von Windows 95 ein heftiger Kampf um die Gunst der Käufer, bei der allein die Werbeausgaben von Microsoft auf über 200 Millionen US-Dollar kletterten.[5]

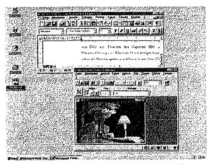

Abb. 65: Die Windows 95 Arbeitsoberfläche (Quelle:[6])

Windows 95 wird jedoch durch seine größere Benutzerfreundlichkeit, bessere Grafik-, Multimedia- und Kommunikationsfähigkeiten (Vgl. Abb. 65) spätestens 1999 zum neuen Standardbetriebssystem werden, wenn man den Aussagen von Fachleuten glaubt.[7] Diese Entwicklung wird auch vom Marktforschungsinstitut Dataquest bestätigt, so soll 1997 der Marktanteil von Windows 95 bei PC- und Desktop-Betriebssystemen rund 69 % betragen.[8] Die Verkaufszahlen von Windows 95 scheinen diesen Trend zu bestätigen, auch wenn sie

---

[1] Vgl. Schieb, Jörg: a.a.O., S. 474 f.
[2] Vgl. Thompson, Steven A./ Aleshire, Keith: a.a.O., S. 73
[3] Vgl. o.V.: Windows-Anteil bei Heim-Betriebssystemen wächst ständig, in: multiMEDIA - Informationsdienst für Medienintegration, 5. JG, Nr. 10/95, Oktober 1995, S. 11
[4] Vgl. Huttel, Klaus Peter: a.a.O., S. 342 f.
[5] Vgl. Siering, Peter: Blendwerk - Das größte Update aller Zeiten: Windows 95, in: c´t, Magazin für Computer Technik, o. JG., Nr. 10, Oktober 1995, S. 121
[6] Microsoft: Windows 95, 1995
[7] Vgl. Bäurle, Robert/ Wasem-Gutensohn, Jürgen: a.a.O., S. 65 f.
[8] Vgl. Dataquest: International European PC Operating System Sales History and Forecast, 1995

hinter den Erwartungen zurückbleiben. Von den ursprünglich geplanten 20 Mill. wurden nur 16, 4 Mill. Exemplare bis Ende 1995 verkauft.[1]

Neben Windows 95 und OS/2 existieren noch weitere reine 32-Bit-Betriebssysteme, die vor allem für größere Rechner oder Workstations mit Hochleistungsprozessoren geeignet sind, wie Windows NT (New Technology), Unix oder NeXTStep. 1997 soll der Marktanteil von Windows NT bei Desktop-Betriebssystemen bereits bei 17,5 % liegen.[2]

3.2. Die Anwendungssoftware

Als Anwendungssoftware könnte man quasi jegliche Software außer den Betriebssystemen bezeichnen. Diese Software soll den Benutzer bei der Lösung von Problemen unterstützen, dabei einen hohen Bedienkomfort aufweisen und anpassungsfähig sein. Wichtig ist hierbei, daß diese Softwareprodukte sowohl kommerzielle, d.h. universell einsetzbare, als auch problembezogene, individuelle Lösungen umfaßt. Den größten Teil der derzeit verfügbaren Software bilden Textverarbeitungs-, Tabellenkalkulations-, Datenbank-, Grafik-, DTP-, Präsentations- und Zeichenprogramme. Außerdem gehören Audio-, Bild- und Videobearbeitungsprogramme, Bibliotheken, Kataloge, Sammlungen, elektronische Bücher und Spiele dazu.[3] Relativ neu sind Softwaretools zur Entwicklung von Multimediaanwendungen, die eine benutzerfreundliche, visuelle und interaktive Verknüpfung unterschiedlichster Medien ermöglichen. Man bezeichnet diese Tools auch als Autorensysteme.[4]

Der Anteil an echten Multimediaanwendungen, die zum großen Teil der Aus- sowie Weiterbildung oder Simulation von Prozessen dienen, ist relativ gering. Die Gründe dafür sind unter anderem die hohen Produktionskosten, resultierend aus der kleinen Anzahl an Softwaretools und dem noch wenig verfügbaren Know-how für deren Entwicklung und Programmierung.[5] Hinzu kommt noch ein fehlender Standard für Multimediasoftware, der größere Investitionen in diesen Bereichen verhindert.[6]

Welche Anwendersoftware der Benutzer benötigt, ist im wesentlichen vom Ziel und Zweck abhängig, mit dem er den Computer einsetzt. Bedingt durch größere Kompatibilität und Benutzerfreundlichkeit hat die Datenintensität der Softwareanwendungen zugenommen. Aus diesem Grund werden mehr und mehr neue Titel auf CD-ROM gepreßt.[7]

---

[1] Vgl. IDG Newsservice: Windows 95: Weniger verkauft als erwartet, in: PC Welt, o. JG., Nr. 1/96, Januar 1996, S. 9
[2] Vgl. Tab. 12: Der Vergleich der Betriebssysteme, Anhang S. 117; Dataquest: a.a.O.
[3] Vgl. Huttel, Klaus Peter: a.a.O., S. 355 f.
[4] Vgl. Nicklas, Michael: a.a.O., S. 231; Spanik, Christian/ Rügheimer, Hannes: a.a.O., S. 310 ff.
[5] Vgl. Stucki, P.: a.a.O., S. 2
[6] Vgl. Hitzges, Arno u.a.: a.a.O., S. 48 f.
[7] Vgl. 2.4. Das Electronic Publishing, S. 78 f.

V. Der Einsatz von Multimedia

1. Die Anwendungsgebiete von Multimedia

Multimedia verbessert die Kommunikation zwischen Mensch und Computer durch die einfache Darstellung von komplexen Objekten und dynamischen Vorgängen der Realität. Die Nutzung verschiedener Medien in Verbindung mit der Interaktion gestaltet die Informationsvermittlung somit leichter. Aus diesen Gründen eröffnet Multimedia dem Computer neue Einsatzgebiete im Industrie-, Dienstleistungs- und Ausbildungssektor (Vgl. Abb. 66).[1]

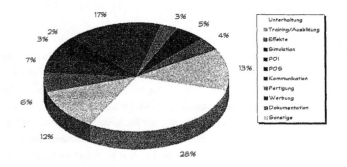

Abb. 66: Die Multimedia-Anwendungsfelder auf dem amerikanischen Markt 1995 (Quelle:[2])

Bei dem Vergleich der Verteilung von Multimediaanwendungen am amerikanischen Markt und den Angaben verschiedener Autoren zu diesem Themenkomplex, lassen sich die nachstehenden charakteristischen Einsatzmöglichkeiten für Multimedia und die VR-Technologie definieren: [3]

- Unterhaltung
- Kommunikation
- Aus- und Weiterbildung
- Electronic Publishing
- Computer-Simulation
- „Special Effects"
- Werbung und Präsentation

---

[1] Vgl. Messina, Calogero: a.a.O., S. 45; Stucki, P.: a.a.O., S. 3
[2] Vgl. Kiermeier, Michael: a.a.O., S. 16
[3] Vgl. Steinbrink, Bernd: a.a.O., S. 49 f.; Börner, Wolfgang/ Schnellhardt, Günther: a.a.O., S. 20; José L, Encarnação/ Foley, James D.: a.a.O., S. 35 ff.

- Information (POI/ POS)
- Archivierung und Katalogerstellung
- Dokumentation
- Produktion und Resourcen-Verwaltung
- Navigationssysteme
- Wartung, Reparatur und Produktservice

2. Der Multimediaeinsatz in der Praxis

2.1. Die Unterhaltung

Im Unterhaltungssektor werden Spiele sicher die größte Gruppe verkörpern. Dank dem Einsatz von Multimedia und VR nähern sich die Spiele der Realität immer weiter an und erhöhen den Erlebnischarakter (Vgl. Abb. 67).[1] Durch Interaktion muß der Mensch nicht länger nur konsumieren, er kann in das Geschehen eingreifen und den Handlungsverlauf seinen Wünschen entsprechend verändern. Der Traum, etwas unbekanntes zu erleben, jemand anderes zu sein besitzt jeder Mensch. Dies sind wohl auch die Gründe warum sich Computerspiele sehr großer Beliebtheit erfreuen und jeder mal gern in seine eigene Scheinwelt abtaucht, wobei der Weg zum Cyberspace nicht mehr weit entfernt ist.[2]

Abb. 67: Das multimediale Spiel (Quelle:[3])

Audio-CDs, Videoclips und Karaoke[4] bilden den zweiten Bereich des Einsatzes von Multimedia. Denkbar sind z.B. Audio-CDs mit zusätzlichen Informationen über den Interpreten wie etwa seinen Lebenslauf, die Texte der Titel und ähnliches. Vielleicht sind auch Videoclips der letzten Konzerte integriert.[5]

Den dritten Bereich bildet der On-Demand-Markt für Video, Musik und Spiele, die mit dem interaktiven Fernsehn oder dem MPC über eine Datenleitung nach Hause geholt werden können. Der Anwender wählt aus einem großen vielseitigen Leistungsangebot aus und bezahlt

[1] Vgl. Thompson, Steven A./ Aleshire, Keith: a.a.O., S. 31; Wratil, Peter: a.a.O., S. 38
[2] Vgl. Steinbrink, Bernd: a.a.O., S. 51 f.
[3] Schuhmann, Annette: Lichtblicke, in: PC GO!, o. JG., Nr. 12/95, Dezember 1995, S. 56
[4] Vgl. José L., Encamação/ Foley, James D.: a.a.O., S. 48
[5] Vgl. Steinbrink, Bernd: a.a.O., S. 55 f.

nur für in Anspruch genommene Leistungen.[1] Allerdings wurden in diesem Segment bis jetzt nur Pilotprojekte durchgeführt, für den Einsatz auf breiter Ebene fehlen heute noch die benötigten Datenübertragungsnetze mit entsprechender Leistung.[2]

2.2. Die Kommunikation

Die moderne Breitbandkommunikation (ISDN oder VBN) ermöglicht eine technisch unterstützte Kommunikations- und Übertragungsmöglichkeit für Bild-, Ton-, Grafik-, Text- und Computerdateien zwischen räumlich getrennten Plätzen. Multimediale Systeme die an solche Netze angeschlossen sind, unterliegen - aufgrund der möglichen hohen Datenübertragungs-geschwindigkeiten - nicht mehr den räumlichen oder zeitlichen Beschränkungen herkömmlich vernetzter Systeme (Vgl. Abb. 68).[3] Eine dezentrale Nutzung, die kooperative Bearbeitung und der Austausch von multimedialen Informationen nehmen in unserer Kommunikations- und Informationsgesellschaft eine immer größere Rolle ein.[4]

Abb. 68: Die Videokonferenz (Quelle:[5])

Der flexible Einsatz von Multimediasystemen macht diese für die Teamarbeit im Dienstleistungs- und Industriesektor zunehmend interessanter. Er bedeutet eine Verbesserung des Informationsflusses und der innerbetrieblichen Kommunikation, mehr Kundennähe, eine Steigerung der Produktivität, flexiblere Arbeitszeiten und bessere Personaleinsatzmöglichkeiten.[6] Multimediale Kommunikation wird somit in den nächsten Jahren besonders die Büroarbeitswelt revolutionieren und ein Potential für die Telearbeit schaffen.[7] Als Telearbeit (Teleworking) bezeichnet man eine dezentralisierte Arbeitsoranisation, bei der die Arbeitnehmer ihre tägliche Arbeit in der Regel von Zuhause

---

[1] Vgl. Engelmann, Erhard: Interactive Services - Was ist das?, in: „Deutscher Multimedia Kongreß '95 - Auffahrt zum Information Highway", hrsg. v. Glowalla, U., Berlin/ Heidelberg 1995, S. 62
[2] Vgl. 2.7.2. Die Hardware zur WAN-Nutzung, S. 61 ff.
[3] Vgl. Effelsberg, Thomas: Verteilte Multimediasysteme, Tagungsband, Stuttgart 1993, München/ London/ New Providence/ Paris 1993, S. 48 f. u. S. 50 f.; Schulz, Beate: Flexible Arbeit, felxibler Ort: Telearbeit im Multimedia-Zeitalter, Weinheim/ Basel 1993, S. 11; 2.7. Die Multimedia-Kommunikations-Hardware, S. 59 ff.
[4] Vgl. Encarnação, José L/ Dingeldein, Dennis/ Wiedling, Hans-Peter: World Wide Web: Perspektiven für die multimediale Kommunikation, in: „Deutscher Multimedia Kongreß '95 - Auffahrt zum Information Highway", hrsg. v. Glowalla, U., Berlin/ Heidelberg 1995, S. 42
[5] Pich, Joachim: a.a.O., S. 254
[6] Vgl. Schulz, Beate: a.a.O., S. 33 f.
[7] Vgl. Hünseler, Anton/ Kanzow, Jürgen: a.a.O., S. 82

aus erledigen.[1] Arbeitsmittel sind vernetzte Computer mit denen der Zugriff auf verteilte Informationen erfolgt, die elektronische Post versandt wird und Verfahren wie Joint Editing bzw. Document Sharing audiovisuell vollzogen werden.[2]

Im „Office Broadband Communikation" (OBC) Projekt der DeTeBerkom GmbH wurde zwischen 1991 und 1994 ein modernes Bürokommunikationssystem entwickelt. Das System läßt die Sprach-, Daten- und Bildkommunikation sowie die gemeinsame Be- und Verarbeitung von Daten zu (Joint Editing), außerdem werden Glasfaserkabel (VBN) für die Datenübertragung genutzt.[3] Zu den wichtigsten Vorteilen zählen die Verbesserung der Arbeitsqualität und damit des Outputs, der flexiblere Einsatz der Personalresourcen und geringere Bearbeitungszeiten.[4] Die Weiterentwicklung multimedialer Teleservices findet derzeit im Rahmen des EMTEK-Projektes in Zusammenarbeit mit der SNI bei der KPMG-Unternehmensberatung in den Standorten Berlin und Frankfurt statt.[5]

Abb. 69: Das Joint Editing am Arbeitsplatz (Quelle:[6])

Ähnliche Büro-Systeme wurden bereits auf der Cebit 1992 vorgestellt. Neben der integrierten Audio- und Videokommunikation konnten Dokumente jeglicher Art gemeinsam von zwei Teilnehmern am Bildschirm bearbeitet werden. Korrekturen, Anmerkungen und graphische Elemente ließen sich mühelos integrieren, Vorschläge wurden besprochen und umgesetzt (Vgl. Abb. 69). Außer in lokalen Netzen können die Partner des Joint-Editing auch über das ISDN-Netz miteinander verbunden werden. Solche Systeme sind, neben der reinen Videokonferenz mit der stetig voranschreitenden Technik, bis heute immer weiter verbessert worden.[7]

In Japan sind solche Konferenzsystme bereits installiert. Das am Tokyo Institute of Technologie eingesetzte ICONA-Netzwerk ermöglicht eindrucksvoll die Realisation von Videokonferenzen. Individuelle TV-Fern-Beratungen oder -Prüfungen und Video-Lernveranstaltungen, zwischen

---

[1] Vgl. Schulz, Beate: Flexible Zeit, felxibler Ort: a.a.O., S. 15 u. S. 18

[2] Vgl. Cordes, Ralf/ Schoop, Eric: Erfahrungen mit der Anwendung von Multimedia in der Arbeitswelt, in: „Deutscher Multimedia Kongreß ´95 - Auffahrt zum Information Highway", hrsg. v. Glowalla, U., Berlin/ Heidelberg 1995, S. 215

[3] Vgl. Neuerburg, Hans-Jürgen: a.a.O., S. 32 f.

[4] Vgl. Rachor, Ursula: Multimediale Kommunikation im Bürobereich, Begleitstudie zum Pilotprojekt „Office Broadband Communikation", Heidelberg 1994, S. 1 f. u. S. 119 f.

[5] Vgl. Ewers, Johannes: Das multimediale Verwaltungsbüro: Erprobungsprojekt der DeTeBerkom, in: „Deutscher Multimedia Kongreß ´95 - Auffahrt zum Information Highway", hrsg. v. Glowalla, U., Berlin/ Heidelberg 1995, S. 145

[6] Olivetti: PCC - Personal Communication Computers, Verkaufsprospekt, eigene Publikation, 1995

[7] Vgl. Börner, Wolfgang/ Schnellhardt, Günther: a.a.O., S. 29 f.; Messina, Calogero: a.a.O., S. 55; Müller, Wolfgang: a.a.O., S. 96 ff.

den beiden 20 km voneinander getrennten Standorten des Institutes, sind ohne Probleme möglich.[1]

Das größte Bürokommunikationsprojekt der BRD wird derzeit von der GMD und der ENC der IBM verwirklicht. Bedingt durch den Umzug des deutschen Bundestages von Bonn nach Berlin entsteht ein großer Koordinierungs- und Kommunikationsbedarf zwischen den Berliner und den in Bonn verbleibenden Regierungsstellen. Zur Bewältigung des Datenaustausches sowie der Verminderung von Dienstreisen, Sitzungen und Arbeitstreffen wurde vom BMFT ein Projekt initialisiert, das den Aufbau eines multimedialen Arbeitsplatz-Konferenzsystems als Ziel hat. Mitarbeitern in Bonn und Berlin wird es nach Abschluß des Projektes möglich sein, mit Kollegen audivisuell in Kontakt zu treten und so Projekte, Arbeitsunterlagen oder ähnliches gemeinsam zu bearbeiten (Vgl. Abb. 70).[2]

Abb. 70: Ein Arbeitsplatz des Berliner und Bonner Konferenzsystem (Quelle:[3])

Außer im Bürobereich findet die multimediale Kommunikation auch in anderen Einsatzgebieten Anwendung. So wurde für die Weltausstellung in Sevilla 1992 ein Museumsnetzwerk geschaffen, das alle Informationen über die ausgestellten Exponate, deren Künstler, die Epoche und einiges mehr enthält. Jeder Besucher konnte so über die bereitgestellten Computer eines der neun angeschlossenen Museen erkunden, ohne dorthin reisen zu müssen.[4] Noch einen Schritt weiter ging man beim Europäischen Museumsnetzwerk (EMN), bei dem die beteiligten Institutionen über ein Kabelnetz online verbunden sind.[5] Die Kommunikation über Netze kann aber auch zur simultanen Aus- und Weiterbildung von Mitarbeitern in entfernten Niederlassungen verwendet werden; IBM-Deutschland praktiziert dies seit kurzem.[6]

In der Medizin ist das MEDCOM-Projekt der Deutschen Telekom richtungsweisend. Es handelt sich dabei um ein Netzwerksystem für Kliniken. Sämtliche Patientendaten und

---

[1] Vgl. Fickert, Thomas: a.a.O., S. 19
[2] Vgl. Brückner, Martina: Kommunikation ohne Grenzen, in: Report 5/93, Sonderdruck März 1993, Nachdruck aus der Mitarbeiterzeitschrift der IBM Deutschland GmbH, hrsg. v. IBM Deutschland Informationssysteme GmbH, WT Wissenschaft, Heidelberg 1993, S. 2 f.
[3] IBM: IBM Nachrichten - Das Magazin für Technologie und Lösungen, 44. JG., Nr. 318, September 1994, S. 5
[4] Vgl. Börner, Wolfgang/ Schnellhardt, Günther: a.a.O., S. 27
[5] Vgl. Müller, Wolfgang: a.a.O., S. 65 ff.
[6] Vgl. Steinbrink, Bernd: a.a.O., S. 59 f.; Müller, Wolfgang: a.a.O., S. 94 f.

Untersuchungsergebnisse eines Patienten werden digital gespeichert und stehen in den lokalen Netzen der Kliniken an dafür vorgesehenen Terminals zur Verfügung (Vgl. Abb. 71).

Abb. 71: Die digital erfaßten Röntgenaufnahmen eines Patienten (Quelle:[1])

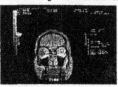

Über ISDN sind die Kliniken miteinander verbunden und können die Daten von Patienten, z.B. bei einer Weiterbehandlung, austauschen. Es ist sogar möglich die Daten den behandelnden Hausärzten zur Verfügung zu stellen.[2]

Abb. 72: Die Microsoft Home-Page im Internet (Quelle:[3])

Abb. 73: Die Firma NEC im Internet (Quelle:[4])

Das weltweit größte, von nahezu jedem Anwender zugängliche Netzwerk ist das Internet mit rund 20 Millionen registrierten Anwendern (Stand 1994).[5] Es besteht aus etwa 10.000 kleineren Netzwerken, die sich nach Regionen und Inhalten gliedern und gilt als das bedeutendste Kommunikationssystem der Erde. Über Gatewaystationen werden Daten in das Internet eingespeist und umgekehrt lassen sich aus dem Internet die unterschiedlichsten privaten und institutionellen Online-Dienste anwählen (Vgl. Abb. 72 u. 73).[6] Zu diesen Online-Diensten gehören z.B. Compu-Serve oder T-Online (Datex-J/ Btx) der Deutschen Telekom. Das Leistungsangebot solcher Mailboxsysteme ist vielfältig, sie beinhalten unter anderem Datenbanken, Tips und Tricks zu verschiedenen Themen, offene Diskussionsrunden, Infoseiten von Unternehmen, Tageszeitungen und Zeitschriften, aktuelle Nachrichten, Börsenkurse, Teleshopping oder sogenannte E-Mails, die an andere Netzteilnehmer gesendet werden können (Vgl. Abb. 74 u. 75).[7]

---

[1] MICROGRAFX: Photo-CD der ABC Graphics Suite, 1995
[2] Vgl. Neuerburg, Hans-Jürgen: a.a.O., S. 23 f.
[3] Martin, Goldmann/ Müller, Ralf: Windows '95 umsteigen bitte, in: PC Direkt, o. JG., Nr. 11/95, November 1995, S. 56
[4] 1&1 Direkt - Gesellschaft zur Vermarktung von Informationstechnologien mbH: BTX goes Multimedia, Verkaufsprospekt, eigene Publikation, Ausgabe Juli 1995
[5] Vgl. Kinnebrock, Wolfgang: a.a.O., S. 67
[6] Vgl. Kinnebrock, Wolfgang: a.a.O., S. 145; 1&1 Direkt - Gesellschaft zur Vermarktung von Informationstechnologien mbH: Internet News - Sommer '95, Verkaufsprospekt, eigene Publikation, 1995
[7] Vgl. Kinnebrock, Wolfgang: a.a.O., S. 67 f.; 1&1 Direkt - Gesellschaft zur Vermarktung von Informationstechnologien mbH: Internet News, a.a.O.

Abb. 74: Kulinarische Infos über die Online-Dienste (Quelle:[1])

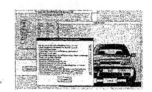

Abb. 75: Die Fahrzeugpräsentation von VW (Quelle:[2])

Die Leistungen der Online-Dienste können, gegen ein entsprechendes Entgelt, zuzüglich den Telefongebühren, in Anspruch genommen werden.[3] Die Auswahlkriterien zur Informationssuche sind bei den meisten Angeboten der Online-Dienste komfortabel und benutzerfreundlich gestaltet, die Selektion nach individuellen Gesichtspunkten ist somit sehr einfach (Vgl. Abb. 76).[4]

Abb. 76: Die Homepage des Musiksenders MTV bei Compuserve (Quelle:[5])

2.3. Die Aus- und Weiterbildung

Das Computer Based Training (CBT), bzw. das CAL (Computer Aided Learning), vermittelt den Lernenden schneller und intensiver Wissen als dies durch die herkömmlichen Lehrmethoden erreicht werden kann. Die Lerneffekte in der Aus- und Weiterbildung unter Multimedia sind beachtlich; es kann praktisch ein 90 prozentiger Anstieg erzielt werden.[6] Das individuelle Lerntempo und Grundwissen eines Lernenden wird bei CAL und CBT berücksichtigt. Durch seine Interaktion und die Wiederholbarkeit einzelner Sektionen verbleibt das Wissen auch länger im Gedächtnis und wird - dank der Bilder, Animationen und Videos - auch sicherer angewandt.[7] Durch Virtual Reality können Kreativität und schöpferisches Wirken, z.B. im Kunstunterricht, intensiver gefördert werden.[8]

---

[1] IBM Deutschland Informationssysteme GmbH (Geschäftssegment Multimedia): a.a.O., S. 19
[2] I&I Direkt - Gesellschaft zur Vermarktung von Informationstechnologien mbH: BTX goes Multimedia, a.a.O.
[3] Vgl. Tornsdorf, H./ Tornsdorf, M.: a.a.O. ,S. 80; Lentzen, Walter: a.a.O., S. 130 ff.
[4] Vgl. Kinnebrock, Wolfgang: a.a.O., S. 146
[5] Matting, Matthias: Tanzschritte per Internet, in: PC GO!, o. JG., Nr. 12/95, Dezember 1995, S. 127
[6] Vgl. Schmenk, Andreas/ Wätjen, Andreas: a.a.O., S. 186; Müller, Armin: a.a.O., S. 95
[7] Vgl. Börner, Wolfgang/ Schnellhardt, Günther: a.a.O., S. 23 f.; Stucki, P.: a.a.O., S. 4; Fickert, Thomas: a.a.O., S. 22 f.; Kaufmann, Wolfgang/ Müller, Jens: a.a.O., S. 29; Müller, Armin: a.a.O., S. 96
[8] Vgl. Bullinger, Hans-Jörg, (Hrsg.)/ Bauer, Wilhelm: a.a.O., S. 24

Abb. 77: Die 3D-Molukularstruktur eines Atoms (Quelle:[1])

Besonders geeignet sind Lerninhalte, die anhand von Modellen oder Animationen, wie in der Chemie, Biologie oder Physik, veranschaulicht werden sollen (Vgl. Abb. 77). Vorteile entstehen durch eine größere Lernmotivation, die Zeitersparnis (kürzere Schulungszeiten) und höheren Erfolgsquoten bei Prüfungen.[2] Im medizinischen Bereich können angehende Ärzte über multimediale Lernsoftware und VR-Systeme ihre Fähigkeiten weiter verbessern und sogar simulierte Operationen vornehmen (Vgl. Abb. 78).[3]

Abb. 78: Lern- und Simulationsprogramme im medizinischen Bereich (Quelle:[4])

Untersuchungen haben ergeben, daß ein CBT-System in der Regel schon ab einem Schulungsvolumen von 100 Mitarbeitern rentabel ist und gegenüber den klassischen Unterrichtsmethoden bei steigender Nutzung zu beträchtlichen Kosteneinsparungen führt.[5] Online-Verbindungen ermöglichen es, multimediale Lernsysteme sehr flexibel einzusetzen. So lassen sich Maßnahmen zur Aus- oder Weiterbildung praktisch direkt am Arbeitsplatz, zu Hause und damit an fast jedem Ort durchführen.[6]

Die BMW AG betreibt bereits seit 1982 weltweit ein großes interaktives Videonetz zur Weiterbildung ihrer Angestellten. In kurzen interaktiven Videofilmen wird das Verkaufs- und Werkstattpersonal geschult und bekommt so ein Basiswissen vermittelt, das als Grundstock für spätere Seminare dient.[7] Mit diesem System können weltweit an 3.000 Dialogvideo-Stationen Mitarbeiter gleichzeitig geschult werden.[8]

---

[1] MICROGRAFX: a.a.O.
[2] Vgl. Steinbrink, Bernd: a.a.O., S. 62 u. S. 67; Müller, Wolfgang; a.a.O., S. 119; Kramer, Horst/ Mayer, Karl H.: a.a.O., S. 40 f.; Kiermeier, Michael: a.a.O., S. 40 f.
[3] Vgl. Astheimer, Peter, u.a.: a.a.O., S. 273 f.
[4] MICROGRAFX : a.a.O.
[5] Vgl. o.V.: Multimedia verändert die Lernwelt, a.a.O., S. 22
[6] Vgl. Häfele, Gudrun/ Glowalla, Ulrich: Multimedia in der Aus- und Weiterbildung: Entwicklungsstand und Perspektiven, in: „Deutscher Multimedia Kongreß ´95 - Auffahrt zum Information Highway", hrsg. v. Glowalla, U., Berlin/ Heidelberg 1995, S. 163 ff.
[7] Vgl. Börner, Wolfgang/ Schnellhardt, Günther: a.a.O., S. 25 f.
[8] Vgl. Kaufmann, Wolfgang/ Müller, Jens: a.a.O., S. 30

Ein CBT-Trainingsprogramm für Innen- und Außendienstmitarbeiter führte auch die Volksfürsorge AG 1993 ein. Animierte Figuren führen die Mitarbeiter durch die Sektionen des Lernprogramms, erläutern die verschiedenen Produkte des Unternehmens und stellen Situationsaufgaben.[1]

Das Sprachkurssystem „Athena Muse" vermittelt den Lernenden am Bildschirm in From von kleinen Videosequenzen mit Sprachausgabe alltägliche Situationen, wie z.B. die Wohnungssuche. Der Anwender muß Antworten eingeben oder vorgegebene auswählen, kann Passagen wiederholen und an bestimmten Knotenpunkten den Dialog mit seinem fiktiven Gesprächspartner durch seine Auswahl beeinflussen.[2] Andere Lernsysteme sind in der Lage, Ausflüge zu historischen Stätten zu simulieren. Mit Hilfe der „Palenque"-Software können die Anwender das antike Maya-Ruinenfeld besuchen und sich darin frei bewegen. Ein Mausklick auf bestimmte Gebäude oder markierte Stellen führt zu zusätzlichen Hintergrundinformationen, wie Photos, Sprachwiedergabe und Texten. In ähnlicher Form lassen sich auch Maschinen am Computer photorealistisch darstellen, an denen Auszubildende üben können, ohne den Produktionsapparat in ihrer Unternehmung zu gefährden.[3]

In Mühlheim an der Ruhr wurde 1992 das Wassermuseum „Aquarius" von der Rheinisch-Westfälischen Wasserwerksgesellschaft eröffnet. Den Besuchern, vornehmlich Schulklassen, soll der vernünftige und verantwortungsvolle Umgang mit dem nassen Element auf spielerische Weise beigebracht werden. Auf 14 Etagen sind insgesamt 30 multimediale Terminals mit den unterschiedlichsten Techniken untergebracht, die mit Animationen und kleinen Aufgaben die Besucher zur Mitarbeit bewegen. Die Ergebnisse der Aufgaben werden auf einer Magnetkarte festgehalten, die die Besucher am Eingang erhalten, am Ausgang werden diese dann ausgedruckt.[4]

Abb. 79: CD-ROM-Lernprogramm für Meeresbiologie (Quelle:[5])

Im privaten Bereich sind Hobbykurse auf CD-ROM oder dem CD-I System erhältlich (Vgl. Abb. 79), z.B. Photokurse, die dem Anwender das Know-How rund um die Photokamera anschaulich vermitteln. In bestimmten Sequenzen kann geübt werden den Bildausschnitt

[1] Vgl. Schmenk, Andreas/ Wätjen, Andreas: a.a.O., S. 197 ff.
[2] Vgl. Messina, Calogero: a.a.O., S. 46
[3] Vgl. Steinbrink, Bernd: a.a.O., S. 64 ff.
[4] Vgl. Müller, Wolfgang: a.a.O., S. 56 ff.
[5] Behling, Heinz: Bits statt Bücher, in: PC GO!, o. JG., Nr. 12/95, Dezember 1995, S. 141

Blend- und Belichtungszeit zu wählen. Das fiktiv gemachte Photo kann danach am Bildschirm betrachtet, Fehler erläutert und Korrekturen vorgenommen werden.[1]

2.4. Das Electronic Publishing

Unter elektronischen Publikationen versteht man Bücher, Texte, Bilder, Grafiken und sogar Audiosequenzen oder Videos, die z.B. auf einer CD-Rom gespeichert werden. Neben ganzen Zeitschriften- oder Zeitungsjahrgängen werden besonders Wörterbücher, Enzyklopädien, Lexika, Graphik- und Clipartsammlungen, Reiseführer oder Gesetzestexte auf das optische Speichermedium gebannt (Vgl. Abb. 80). Zu der Gruppe Electronic Publishing, der man bis zur Jahrtausendwende sehr große Wachstumschancen einräumt, gehören auch sämtliche Softwareveröffentlichungen auf CD-ROM, wie z.B. Spiele.[2]

Abb. 80: Das Lexikon der Musik und Lingua Englisch auf CD-ROM (Quelle:[3])

Die Elektronischen Bücher bieten gegenüber ihren Vorbildern, den Printmedien, gewisse Vorteile. Eine CD-Rom fällt in der Massenproduktion wesentlich günstiger aus als ein vergleichbares Buch. Eine Suche in einem Wörterbuch oder Lexikon gestaltet sich mit einer CD-ROM einfacher und schneller. Die Verbindung von Texten, Bildern und Audio- und Videosequenzen gestalten das Lesen lebendiger.[4] Bestimmte Sachverhalte eines Lexikons, wie z.B. die Kernspaltung, werden dadurch besser dargestellt und leichter verständlich. Eine Biographie über einen bekannten Maler oder Musiker beinhaltet dessen Werke in Bild und Ton, die begleitend zum Text erscheinen. Zusätzlich lassen sich zeitgeschichtlich wichtige Hinweise integrieren, die das Umfeld beleuchten und Aufschluß über das Leben des Künstlers in der Epoche geben (Vgl. Abb. 80).[5] Nach Angaben des Londoner TFPL-Verlages wurden 1994 weltweit 9.500 verschiedene CD-ROM-Titel angeboten, die sich auf 270 Sachgebiete aufteilen. Insgesamt waren es etwa doppelt so viele Titel wie im Jahr 1993. Einen Absatzboom erwarten die Hersteller von CD-ROMs ab dem Jahr 1996, wenn CD-ROM-Laufwerke zur Standardausstattung eines Computers gehören.[6]

---

[1] Vgl. Malzbender, Hildegard: Photo-CD und PC: a.a.O., S. 50
[2] Vgl. Steinbrink, Bernd: a.a.O., S. 73 ff. u. S. 112 ff.
[3] Hümmler, Thomas/ Vester, Claus: Schräg, schrill und völlig abgedreht, in: CHIP, o. JG., Nr. 2/95, Februar 1995, S. 39
[4] Vgl. Thompson, Steven A./ Aleshire, Keith: a.a.O., S. 31
[5] Vgl. Steinbrink, Bernd: a.a.O., S. 73 ff. u. S. 112 ff.
[6] Vgl. Kraft, Alexander: Mit silbernen Scheiben will sich der Buchhandel seine Zukunft vergolden, in: Frankfurter Rundschau, 51. JG., Nr. 180, Samstag, 5. August 1995, S. 11

2.5. Computer-Simulation

Große Hilfe leistet Multimedia in der Simulation von technischen Abläufen und dynamischen Prozessen. Engstellen, Gefahren und technische Mängel können multimedial am Bildschirm festgestellt, analysiert und im voraus behoben werden. In der Zukunft wird Multimedia mit dem Computer bei der Planung, Steuerung und Wartung einzelner Maschinen oder ganzer Produktionsstätten eingesetzt werden.[1] Im Hamburger Hafen wird mit solchen Systemen bereits der gesamte Güterverkehr der Bahn gesteuert (Vgl. Abb. 81).[2]

Die Realitätsnähe von Multimedia ermöglicht auch den Einsatz in der Luft- und Raumfahrt sowie Fahrzeugführung. Piloten, LKW-Fahrern, Lok- oder Straßenbahn-führern werden geschult und auf den Einsatz vorbereitet (Vgl. Abb. 82). In noch viel stärkerem Maße finden solche Simulationen im militärischen Bereich Verwendung. Allein in den Vereinigten Staaten von Amerika werden jährlich zirka 3,4 Milliarden US-Dollar, primär im VR-Bereich, für das multimediale Training des Militärs investiert.[3]

Abb. 81: Die Zugabfertigung im Güterbahnhof Hamburger Hafen (Quelle:[4])

Abb. 82: Das Pilotentraining (Quelle:[5])

Andere Simulationen zeigen sehr eindrucksvoll den Raubbau an der Natur und die ökologischen Schäden der Erde anhand von Videos und Satellitenaufnahmen. Erstmals wurde ein solches System zur Ausstellung "Erdsicht - Global Change" im Sommer 1992 in Bonn vorgestellt.[6]

Im Oktober 1995 führten der deutsche Astronaut Ulf Merbold in Darmstadt und ein amerikanischer Kollege in Houston per ISDN-Leitung gemeinsam eine simulierte Reparatur an einem Solarstromaggregat im Weltraum durch. Das Spaceshuttle, ein Teleskop, der Weltraum und natürlich die beiden Akteure wurden künstlich in der VR-Simulation des Darmstädter

---

[1] Vgl. Messina, Calogero: a.a.O., S. 48
[2] IBM: HABIS für die Hamburger Hafenbahn, in: IBM Nachrichten - Das Magazin für Technologie und Lösungen, 44. JG., Nr. 318, September 1994, S. 3o ff.
[3] Vgl. Steinbrink, Bernd: a.a.O., S. 85 ff.; Müller, Wolfgang: a.a.O., S. 129 f.; Bullinger, Hans-Jörg, (Hrsg.)/ Bauer, Wilhelm: a.a.O., S. 24
[4] IBM: HABIS für die Hamburger Hafenbahn, a.a.O., S. 31
[5] MICROGRAFX: a.a.O.
[6] Vgl. Müller, Wolfgang: a.a.O., S. 60 f.

Fraunhofer Instituts erzeugt. Die Bedienung und Steuerung erfolgt, wie bei VR-Anwendungen üblich, über den Datenhandschuh und den Datenhelm (Vgl. Abb. 83).[1]

Abb. 83: Das Astronautentraining im Weltall (Quelle:[2])

Im Juli 1994 nahm die Flugsicherungsakademie in Langen ihre ersten Air-Traffic-Control-Ausbildungssimulatoren in Betrieb, die weltweit für Anerkennung sorgten. An diesen Echtzeitsystemen werden zukünftige Fluglotsen innerhalb ihrer 36-monatigen Ausbildung auf jede nur denkbare Situation traniert und vorbereitet (Vgl. Abb. 84). Die Investition in die gesamte Anlage belief sich auf rund 55 Millionen DM und basiert auf einer 10-jährigen Entwicklungszeit.[3]

Abb. 84: Der Fluglotsensimulator (Quelle:[4])

Aber nicht nur in der Industrie wird Multimedia und VR gute Dienste leisten, sondern auch in der Modebranche, bei Architekten, Designern, Immobilienmaklern oder Städteplanern vermehrt seinen Einzug halten.[5] Stadtbilder lassen sich dann im Computer gestalten und auf vielfältige Weise verändern. Neue Gebäude oder Straßen können ohne großen Aufwand eingeplant und der Umwelt angepaßt werden. Sämtliche Versorgungsleitungen, Grundrisse und Baupläne bereits bestehender Gebäude sind in das System integriert. Architekten planen Häuser und deren Inneneinrichtung, Rundgänge innerhalb der Gebäude sind möglich, noch bevor überhaupt der Bauantrag gestellt wurde. Der Immobilienmakler kann die virtuellen Häuser und Wohnungen den Interessenten vorführen, ohne daß diese das Büro des Maklers verlassen müssen.[6] Auf den Bildschirmen der Modeschöpfer bewegen sich animierte Modelle mit der Kollektion für die nächste Saison, die Stoffe, Farben und Schnitte der Kleidungsstücke lassen sich in Sekunden verändern.[7]

---

[1] Vgl. Niemeier, Uwe: a.a.O., S. 5
[2] Niemeier, Uwe: a.a.O., S. 5
[3] Vgl. Welz, Gottfried: Trockenübungen am Computer: Künftige Luftraummanager proben den Ernstfall, in: Computer Zeitung, 26. JG., Nr. 8, Donnerstag, 23. Februar 1995, S. 18
[4] MICROGRAFX: a.a.O.
[5] Vgl. Rademacher, Rochus/ Maushart, Marie-Ann: a.a.O., S. 6
[6] Vgl. Wratil, Peter: a.a.O., S. 33 f.; Bullinger, Hans-Jörg, (Hrsg.)/ Bauer, Wilhelm: a.a.O., S. 25; Astheimer, Peter, u.a.: a.a.O., S. 267 ff.
[7] Vgl. Messina, Calogero: a.a.O., S.48 u. S. 51 f.; Müller, Wolfgang: a.a.O., S. 81

Künstler und Designer erhalten mit VR ein Arbeitsmittel, welches ihnen Produktgestaltung oder das Produktdesign wesentlich erleichtert, ohne auch nur einen Rohstoff zu verwenden. Sie entwerfen realitätsnahe künstliche Produkte die sich vor ihrer Herstellung sogar virtuell testen lassen (Vgl. Abb. 85).[1]

Abb. 85: Der Cyber-Pilot bei Mercedes Benz (Quelle:[2])

In der Medizin werden neue Formen der Behandlung und Operation von Patienten möglich. Der Arzt kann sich z.B. Röntgen- oder Computertomographieaufnahmen dreidimensional aus verschiedenen Blickwinkeln betrachten oder eine Operation im virtuellen Raum proben (Vgl. Abb. 86).[3]

Abb. 86: Die Diagnose von Röntgenaufnahmen (Quelle:[4])

In Japan werden am „Nara Advanced Institute of Science and Technology" Aufnahmen des Herzens mit Ultraschall in 3D-Bilder umgewandelt und erleichtern den behandelnden Ärzten die Diagnose. Das System soll zunächst in den größten zentralen Krankenhäusern installiert werden, kleinere Kliniken erhalten die Diagnose aus den Zentralkliniken.[5]

Zukünftige Chirurgen können in der Uniklinik Frankfurt am Main den Umgang mit einem Arthroskop an einem Simulator üben, bevor sie dieses Verfahren in der Praxis anwenden: Die gesamte Untersuchung wird aufgezeichnet, so kann sie später nochmals durchgegangen und besprochen werden (Vgl. Abb. 87). Entwickelt wurde der VR-Simulator von der Berufsgenossenschaft der Frankfurter Unfallklinik und dem Fraunhofer-Institut in Darmstadt.[6]

---

[1] Vgl. Bullinger, Hans-Jörg, (Hrsg.)/ Bauer, Wilhelm: a.a.O., S. 24 f.
[2] o.V.: Probefahrt im Cyberspace, in: CHIP, o. JG., Nr. 2/95, Februar 1995, S. 10
[3] Vgl. Kinnebrock, Wolfgang: a.a.O., S. 64
[4] MICROGRAFX: a.a.O.
[5] Vgl. Kaneshige, Thomas/ Rademacher, Rochus: 3D-Technik prüft Patienten auf Herz und Knochen, in: Computer Zeitung, 26. JG., Nr. 39, Donnerstag, 28. September 1995, S. 21
[6] Vgl. Wannemacher, Anette/ Völker, Claus: Neue Trainingsmethode für künftige Chirurgen, in: Darmstädter Echo, 51. JG., Freitag, 18. August 1995, Magazin, S.9

Abb. 87: Der Arthroskopie-Trainer (Quelle:[1])

2.6. Die „Special Effects"

Ob es sich nun um die 3D-Animation des Logos der Tagesschau, das Vermischen oder Verändern mehrerer Bildquellen oder die Überblendung zweier Werbespots handelt, alle Bildveränderungen, die mit dem Computer durchgeführt werden, bezeichnet man als „Special Effects".[2]

Noch mehr als beim Fernsehen, werden bei Kinofilmen oder Videoclips Bildverfälschungen, simulierte Modelle, Animationen und ähnliches eingesetzt, um den Zuschauer von der Wirklichkeitsnähe des Films zu überzeugen (Vgl. Abb. 88).[3]

Abb. 88: Die Beispiele für „Special Effects" (Quelle:[4])

In dem Film „Forrest Gump", der etwa 30 Jahre amerikanische Geschichte beinhaltet, begegnet der Hauptakteur hautnah vielen bekannten Persöhnlichkeiten wie John Lennon oder Präsident Nixon. Ein herausspringendes Herz oder Stielaugen waren die Kennzeichen von Jim Currey in „The Mask" (Vgl. Abb. 89). Erwähnt seien hier auch die realistisch wirkenden Dinosaurier aus Steven Spielbergs „Jurrasic Park" oder der ET-2000 aus „Terminator II", die ebenfalls sehr eindrucksvolle Beispiele der digitalen Bildmanipulation sind.[5]

Früher waren solche Spezial- und Trickeffekte nur in professionellen Studios realisierbar und PC-Lösungen dementsprechend teuer. Bedingt durch die Entwicklung der Komprimierungsverfahren, besseren Video- oder Grafikkarten und größeren Speichermedien

---

[1] Wannemacher, Annette/ Völker, Claus: a.a.O., S.9
[2] Vgl. Steinbrink, Bernd: a.a.O., S. 88
[3] Vgl. Schmenk, Andreas/ Wätjen, Andreas: a.a.O., S. 79; Kinnebrock, Wolfgang: a.a.O., S. 54
[4] Müller, Patricia: Auferstanden von den Toten, in: CHIP, o. JG., Nr. 2/95, Februar 1995, S. 44
[5] Vgl. Müller, Patricia: a.a.O., S. 40 ff.

bieten sich nun auch für den Heimanwender beachtliche Möglichkeiten der Bild- und Videobearbeitung. Dieser Trend scheint zukunftsweisend zu sein. Ebenso sehen Fachleute für das digitale Video, vielleicht ein modifizierter DAT-Recorder oder ein CD-MO-Laufwerk, ein großes Marktpotential. Die Vorteile der digitalen Bildverarbeitung liegen vor allem in der verlustfreien Duplikation und der Manipulation der Bilddaten.[1]

Abb. 89: Ein Standbild aus „The Mask" (Quelle:[2])

2.7. Die Werbung und die Präsentation

Der Einsatz von Multimedia in der Werbung ist nicht unbedingt etwas Neues, einzig die zur Verfügung stehende Technik ist leistungsfähiger geworden. Ohne Computer und spezielle Bild- und Videobearbeitung wäre die heutige Fernsehwerbung gar nicht möglich, denn dabei werden sämtliche Medien, also Zeichen-, Sprach-, Audio-, Bild- und Videoinformationen, zusammen verarbeitet und präsentiert.[3]

Abb. 90: Carl Louis läuft im Pirellispot über das Wasser (Quelle:[4])

Abb. 91: Der 3D-Werbefilm von Shell (Quelle:[5])

Je mehr Informationen in der Produktwerbung multimedial dargestellt werden, desto größer sind die Chancen den Konsumenten von den Vorzügen der Produkte zu überzeugen.[6] Durch

---

[1] Vgl. Steinbrink, Bernd: a.a.O., S. 89 ff. u. S. 95
[2] ELSA GmbH: Lust auf MPEG?, Verkaufsanzeige, in: PC GO!, o. JG., Nr. 12/95, Dezember 1995, S.11
[3] Vgl. Börner, Wolfgang/ Schnellhardt, Günther: a.a.O., S. 20; 2.6. Die „Special Effects", S. 82 f.
[4] Willim, Bernd/ Ebeling, Adolf: Totale Synthetik im Visier, in: c't, o. JG., Nr. 10/95, Oktober 1995, S. 34
[5] Willin, Bernd/ Loviscach, Jörn: The Next Generation, in: c't, o. JG., Nr. 11/95, November 1995, S. 188
[6] Vgl. Müller, Armin: a.a.O., S. 97

die Computertechnik läßt sich in der Werbung so mancher pfiffige Spot realisieren (Vgl. Abb. 90 u. 91).

Präsentationen werden durch Multimedia leichter verständlich, deren Inhalte und Ziele klarer. Ähnlich wie bei der Werbung soll den Menschen etwas angeboten oder vermittelt werden. Je mehr Medien für die Präsentation genutzt werden können, desto größer ist die Wahrscheinlichkeit viele Menschen zu erreichen und von den Vorteilen des Produktes, Verfahrens oder der Idee zu überzeugen.[1]

An Messen werben viele Firmen mit Animationen, Videosequenzen und photorealisitischen Bildern auf dem Computer für ihre Produkte. Bei einer Vielzahl von angebotenen Produkten können einzelne schnell herausgegriffen, demonstriert und erläutert werden (Vgl. Abb. 92).[2]

Abb. 92: Die Messewerbung des Volkswagenkonzerns (Quelle:[3])

Bedeutsam sind auch mobile Präsentationsmittel, wie sie in Form von Laptops mit Modem und Mobiltelefon von Coca-Cola oder Siemens für deren Außendienstmitarbeiter genutzt werden. Die Verkäufer haben hierdurch vor Ort beim Kunden stets die aktuellsten Daten, Rücksprachen mit der Firmenzentrale sind jederzeit ohne Probleme möglich, die Terminkoordinierung wird sehr flexibel und die sonst übliche Papiermenge wird auf ein Minimum reduziert.[4]

Einige Künstler- und Modellagenturen bieten bereits ihre Angebote multimedial, in Form von kleinen Videoclips, Bildern und Zusatzinformationen, an. Interessenten, die vielleicht einen Künstler buchen möchten, können sich auf diese Weise schnell und ohne großen Aufwand einen Überblick verschaffen.[5]

Ein Beispiel für eine sehr gut gestaltete Präsentation auf CD-ROM ist der Siemens Geschäftsbericht für das Jahr 1995. Interessenten, Aktionäre und Mitarbeiter können sich interaktiv, beispielsweise über die Tätigkeitsfelder, die Geschäftsentwicklung des vergangenen

---

[1] Vgl. Messina, Calogero: a.a.O., S. 48 f.
[2] Vgl. Steinbrink, Bernd: a.a.O., S. 101 f.
[3] VW AG: Mit dem Sharan auf den interaktiven Highway, Werbeanzeige, in: PC GO!. o. JG., Nr. 11/95, November 1995, S. 23
[4] Vgl. Modrakowski, Gaby/ Janik, Jürgen: Außendienstler mit Mobilfunk haben eigentlich immer Zeit für ihre Kunden, in: Computer Zeitung, 26. JG., Nr. 8, Donnerstag, 23. Februar 1995, S. 15
[5] Vgl. Börner, Wolfgang/ Schnellhardt, Günther: a.a.O., S. 21

Jahres oder die Finanzlage der AG, informieren. Bilder, Graphiken und Sprachausgabe gestalten dabei die Informationsvermittlung spielerisch einfach (Vgl. Abb. 93).[1]

Abb. 93: Der Siemens Geschäftsbericht '95 (Quelle:[2])

Die Firma Betafilm, eine Tochter der Kirch-Gruppe, setzt als Film- und Videoverleiher seit Juni 1995 Kioskterminals auf Messen ein. In kurzen Videosequenzen werden den Kunden die neusten Werke der Filmbranche angezeigt. Außerdem läßt sich über den Touchscreen eine komplette Produktpalette anwählen und zusätzliche Informationen zu den Filmen abrufen. Das System protokolliert die Zugriffe der Kunden, später läßt sich so leicht feststellen, welcher Film das größte Interesse fand.[3]

2.8. Die Information

2.8.1. Point of Information

Menschen nehmen Informationen nur auf, wenn diese in einer Form angeboten werden, die für die Anwender interessant ist. Auf Bahnhöfen, Flughäfen, öffentlichen Plätzen, Ausstellungen oder in Unternehmen bieten sogenannte „Info-Tower" Informationen, Dienste und Beratung an (Vgl. Abb. 94). Der Benutzer kann sich meist über einen Touchscreen die gewünschten Auskünfte erfragen, indem er einzelne Menüpunkte auswählt. Visuelle und akustische Medien veranschaulichen dabei die Darstellung und erleichtern die Informationsaufnahme (Vgl. Abb. 95).[4]

Interessierte Jugendliche haben bei der Lufthansa die Möglichkeit, sich selbständig an einem „Info-Tower" über die Ausbildungsberufe am Flughafen und in der Verwaltung zu informieren. Die Berufsbilder werden dabei anschaulich dargestellt und mit Videosequenzen unterlegt, die gesamte Benutzerführung erfolgt interaktiv über den Touchscreen des Systems.[5]

---

[1] Vgl. Siemens AG: Siemens - Geschäftsbericht '95, eigene Publikation
[2] Vgl. Siemens AG: Siemens - Geschäftsbericht '95, eigene Publikation
[3] Vgl. o.V.: Leierkasten, in: multiMEDIA - Informationsdienst für Medienintegration, 5. JG, Nr. 9/95, September 1995, S. 18
[4] Vgl. Kaufmann, Wolfgang/ Müller, Jens: a.a.O., S. 34; Kiermeier, Michael: a.a.O., S. 43; Brückner, Martina: a.a.O., S. 5
[5] Vgl. Börner, Wolfgang/ Schnellhardt, Günther: a.a.O., S. 21 f.

Abb. 94: Der Infotower (Quelle:[1])

Abb. 95: Der Fahrplankiosk der DB AG (Quelle:[2])

Die Firma Peugeot hat eigens zur Entlastung ihrer Verkaufsmitarbeiter im Ausstellungsraum der Filiale Paris interaktive Kundenterminals aufgestellt. Kunden können sich an den Geräten Informationen von 110 Peugeot-Modellen anzeigen lassen. Ein Simulator ermöglicht zudem eine kosten- und risikolose Probefahrt im gewünschten Modell. Das individuell zusammengestellte Modell des Kunden kann inklusive des Preises auch über den vorhandenen Drucker ausgegeben werden.[3] Auch im Onlinebereich werden Produktinformationen offeriert, z.B. über Datex-J (Btx) der Telekom. Der Volkswagenkonzern bietet dort Interessenten die Applikation „Der neue Polo" an, die Auskunft über Technik, Ausstattung, Finanzierung und Preise des neuen Polo, ähnlich wie das Infoterminal von Peugeot, gibt.[4]

Für Urlauber stehen in manchen Reisebüros Systeme bereit, die dem Urlauber anhand einer Anzahl von Kriterien, die verschiedensten Informationen über sein gewähltes Urlaubsziel vorführen. Dazu können Anreisedaten, Unterkünfte, Preise, Sehenswürdigkeiten, Beschaffenheit des Strandes, kulturelle Möglichkeiten, PKW-Vermietung gehören, die durch Texte, Bilder, Sprachausgabe und Videos unterlegt werden. Über 350 Reisebüros in der Schweiz boten 1993 ihren Kunden diesen Service.[5]

Ähnliche Systeme werden auch von Banken zur Kundeninformation eingesetzt. Dabei können fast alle standardisierten Leistungen in den Bereichen Geldanlagen, Versicherungen oder Darlehen der Kreditinstitute abgerufen werden. Der Kunde kann sich, z.B. für eine geplante Lebensversicherung, die monatlichen Beiträge ausrechnen lassen (Vgl. Abb. 96).[6]

Info-Kiosk-Systeme eignen sich auch hervorragend als Messe- oder Museumsführer. Über bereitgestellte Terminals können die Besucher multimediale Informationen über die Messe, die verschiedenen Aussteller, den Lageplan der Ausstellungshalle bzw. deren Stände und zu

---

[1] Olivetti: Multimedia Kiosk System - Multikiosk 2000, Verkaufsprospekt, eigene Publikation, 1995
[2] Eigene Abb.
[3] Vgl. Hooffacker, Gabriele: Die neuen Techniken der Verkaufsförderung, München 1993, S. 121 f.
[4] Vgl. Gertler, Nat: a.a.O., S. 72 f.
[5] Vgl. Wratil, Peter: a.a.O., S. 35; Messina, Calogero: a.a.O., S. 52 f.; Steinbrink, Bernd: a.a.O., S. 105
[6] Vgl. Messina, Calogero: a.a.O., S. 53 f.; Müller, Armin: a.a.O., S. 98

verschiedenen Branchen oder Produkten erhalten. Im Falle der Museen lassen sich der jeweilige Bestand an Kunstwerken, der Ausstellungsort der Exponate, Informationen zu den Künstlern, deren Werke und Zeitepoche anzeigen.[1] Solche Info-Terminals können bei bestimmten Veranstaltungen auch als reine Informations- und Nachschlagewerke fungieren, wie beim 25. Jazz-Festival im schweizerischen Montreux. Das Festivalprogramm sowie sämtliche Intrepreten, die in den vergangenen 25 Jahren aufgetreten sind, ließen sich mit ihrer Lebensgeschichte, ihren Hits und Auftritten multimedial abrufen.[2]

Abb. 96: POI bei Kreditinstituten (Quelle:[3])

Ein sehr großes multimediales Besucherinformationssystem wurde von IBM anläßlich der V. Internationalen Gartenbauaustellung (IGA) EXPO ´93 in Stuttgart installiert. Eine Vielzahl von Themen und Fragen, wie die Pflege von Balkon- und Kübelpflanzen, ökologisch Bauen oder Kunst in der Landschaft, konnten am Terminal erkundet werden. Zusätzlich standen Informationen über die mehr als 3.000 Veranstaltungen auf der EXPO, ein Hotel- und Restaurantführer, Verkehrshinweise oder die Sportnachrichten zur Verfügung. Bestimmte Programmteile der Multimediashow können alternativ in der Schule oder in Museen eingesetzt werden, wie „Natur als Apotheke" oder „Meistersinger: Vogelarten und ihre Stimmen".[4]

Anläßlich der 1995 stattgefundenen Ausstellung „Salz macht Geschichte" in Rosenheim, Traunstein und Bad Reichenhall wurden in diesen Orten Infosysteme mit Touchscreen aufgestellt. Die Besucher konnten sich von jedem der Ausstellungsorte über die Info-Systeme einen multimedialen Überblick des gesamten Themas verschaffen und so praktisch die gesamte Ausstellung erkunden, ohne in die anderen Städte reisen zu müssen. Das System beinhaltete neben aktuellen und historischen Informationen auch ein Spiel zum Thema Salz.[5]

Stadtinformationssysteme, wie sie in München, Friedrichshafen, Marktflecken Leutkirch, Heidenheim oder Straßburg zu finden sind, bieten eine Vielzahl von Diensten und

---

[1] Vgl. Steinbrink, Bernd: a.a.O., S. 106 ff.
[2] Vgl. Müller, Wolfgang: a.a.O., S. 26
[3] Eigene Abb.
[4] Vgl. Müller, Wolfgang: a.a.O., S. 22 ff.
[5] Vgl. o.V.: Salziger Touchscreen, in: multiMEDIA - Informationsdienst für Medienintegration, 5. JG, Nr. 11/95, November 1995, S. 28

Informationen an, die sich beliebig erweitern lassen. Dazu gehören Einkaufstips, ein „schwarzes Brett", Fahrpläne der öffentlichen Verkehrsmittel, Sehenswürdigkeiten, ein Gastronomieführer, öffentliche Bekanntmachungen und einen Stadtplan mit Routenersteller (Vgl. Abb. 97).[1]

Abb. 97: Das Städteinformationssystem (Quelle:[2])

In Behörden, Verwaltungen oder Unternehmen können sogenannte Selbstbedienungs-Terminals den Bürgern den Weg zum richtigen Ansprechpartner, z.B. über einen Gebäudeplan oder die Zuständigkeiten der einzelnen Ämter, anzeigen. Die Bestellung einer neuen Mülltonne oder die Auswahl eines Kfz-Kennzeichens und andere standardisierte Abläufe lassen sich sofort am Terminal erledigen.[3]

2.8.2. Point of Sale

Beim Point of Sale werden den Kunden über Kiosk- oder On-Demand-Systeme Produkte und Dienstleistungen präsentiert, zusätzliche Informationen lassen sich jederzeit abrufen. Öffnungszeiten gehören der Vergangenheit an, denn die Eingabegeräte sind Tag und Nacht einsatzbereit. Die zuvor betrachteten und später ausgewählten Konsumgüter oder Dienstleistungen können über eine Online-Verbindung sofort bestellt werden.[4] Sogar die sofortige Bezahlung mittels Bargeld oder Euroscheck- und Kreditkarte läßt sich über solche Systeme abwickeln.[5]

Ein großes Schweizer Versandkaufhaus nutzt ein Kiosk-System bereits seit einigen Jahren erfolgreich. In einer Einkaufspassage befindet sich lediglich ein Online-Teleshop der die Waren des Kaufhauses präsentiert und über den bestellt werden kann. Die weiteren Terminals stehen im Kaufhaus selbst und dienen der zusätzlichen Kundeninformation.[6]

Eine andere Variante von Kiosksystemen verwendet die deutsche Kaufhauskette Karstadt in ihren Musikabteilungen (Vgl. Abb. 98). Dort können sich die Kunden verschiedene Titel der Hitparaden anhören, vorhandene Videoclips werden zusätzlich angezeigt. Ferner lassen sich

---

[1] Vgl. Müller, Wolfgang: a.a.O., S. 28 ff.; Encarnação, José L/ Dingeldein, Dennis/ Wiedling, Hans-Peter: a.a.O., S. 45
[2] IBM: „Städtekommunikation" für eine geteilte Regierung, in: IBM Nachrichten - Das Magazin für Technologie und Lösungen, 44. JG., Nr. 318, September 1994, S. 71
[3] Vgl. Müller, Wolfgang: a.a.O., S. 74 ff. u. S. 78 f.
[4] Vgl. Steinbrink, Bernd: a.a.O., S. 96 f.; Kiermeier, Michael: a.a.O, 43 f.; Engelmann, Erhard: a.a.O., S. 62
[5] Vgl. Müller, Wolfgang: a.a.O., S. 43
[6] Vgl. Steinbrink, Bernd: a.a.O., S. 97 ff.

aus verschiedenen Musikrichtungen Titel und Interpreten suchen und gewünschte Titel bestellen. Die Geräte dokumentieren die Suche und Bestellungen der Kunden, eine spätere Analyse seitens der Kaufhäuser vereinfacht für diese die Marktbeobachtung.[1]

Abb. 98: Das POI-Musikcenter von Karstadt (Quelle:[2])

In einem bundesweiten Projekt stellt die Deutsche Post AG Automaten der Firma IBM zur Entgegennahme von Briefen, Päckchen und des Verkaufs von Briefmarken auf, die den Schalterdienst entlasten sollen. Entgegengenommen werden bis zu 5 cm dicke und 2 kg schwere Briefe, Eilsendungen, Einschreiben und Luftpost, die vom System gewogen und frankiert werden (Vgl. Abb. 99). In vier Sprachen kann der Benutzer einen Dialog mit dem Automaten führen, der ihn durch die Menüpunkte leitet und am Ende Quittungen und Einlieferungsbelege ausstellt.[3]

Abb. 99: Der Elektronische Postschalter (Quelle:[4])

In München, Frankfurt sowie weiteren Großstädten Deutschlands hat die Deutsche Bahn AG Universal-Fahrscheinautomaten aufgestellt. Die Automaten erstellen Besuchern und Reisenden ihre Reiseroute mit den entsprechenden Zugverbindungen und verkaufen bei Bedarf auch das zugehörige Ticket (Vgl. Abb. 100). Dabei akzeptieren die Geräte Bargeld und Kreditkarten, der Verkauf bzw. die Integration zusätzlicher Produkte, wie Reiseversicherungen ist jederzeit möglich. Bis 1997 möchte die Deutsche Bahn AG weitere 2.000 Automaten installieren.[5]

---

[1] Vgl. Kinnebrock, Wolfgang: a.a.O., S. 103 f.; Kiermeier, Michael: a.a.O., S. 44
[2] Eigene Abb.
[3] Vgl. o.V.: Post stellt am Luisenplatz einen stummen Diener auf - Automatische Briefannahme in vier Sprachen, in: Darmstädter Echo, 51. JG., Dienstag, 19. Dezember 1995, S. 11
[4] Eigene Abb.
[5] Vgl. Müller, Wolfgang: a.a.O., S. 43

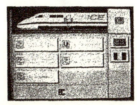

Abb. 100: Der Universal-Fahrkartenautomat der Deutschen Bahn AG (Quelle:[1])

Einige Versandkaufhäuser, wie Quelle oder Otto, bieten in ihren Agenturen Online-Multimediastationen an, auf denen der Kunde praktisch sämtliche Angebote des Katalogprogrammes ansehen, auswählen und über ISDN-Leitung sofort bestellen kann (Vgl. Abb. 101). Die Lieferung erfolgt dann wie gewöhnlich über einen Zustelldienst.[2]

Abb. 101: Der Online-Info-Kiosk (Quelle:[3])

Auch Unternehmen wie der Mineralölkonzern BP versuchen am POS-Markt Fuß zu fassen. Zu diesem Zweck hat BP in München versuchsweise 10 Tankstellen mit Online-POS-Terminals ausgerüstet. Im Angebot der Systeme befinden sich über 1.000 Artikel des täglichen Bedarfs und das komplette Sortiment des Otto-Versandes, die Bezahlung erfolgt sofort nach einer Bestellung mit der EC-Karte. Die georderten Produkte können später, am gewünschten Tag, in der Tankstelle abgeholt werden.[4]

Besonders Banken versuchen zunehmend ihren Kunden über POS-Terminals und Btx die hauseigenen Produkte näherzubringen. Der Kunde kann unter anderem Bareinzahlungen, Daueraufträge, Überweisungen und Umbuchungen vornehmen oder sogar Verbraucherkredite beantragen und Wertpapiere kaufen (Vgl. Abb. 102). Lange Schlangen an den Schaltern sowie ungünstige Öffnungszeiten sollen den Bankkunden in der Zukunft erspart bleiben. Ziel wird es sein dem Kunden einen 24 Stunden-Service zu bieten, bei dem er auf den gewohnten Komfort nicht verzichten muß.[5]

---

[1] Eigene Abb.
[2] Vgl. Müller, Wolfgang: a.a.O., S. 161
[3] Olivetti: Multimedia Kiosk System - Multikiosk 2000, Verkaufsprospekt, eigene Publikation, 1995
[4] Vgl. o.V.: Tankstellen als elektronischer Supermarkt, in: Darmstädter Echo, 51. JG., Samstag, 6. Januar 1996, S. 7
[5] Vgl. von Kraewel, Thea: a.a.O., S. 4 u. S. 11; 1&1 Direkt - Gesellschaft zur Vermarktung von Informationstechnologien mbH: T-Online - Online total, Preis genial, Verkaufsprospekt, eigene Publikation 1995, S. 2-9

Abb. 102: Das Leistungsangebot von Kreditinstituten beim POS (Quelle:[1])

Größtes POS-System in der BRD ist das Btx-Netz der Deutschen Telekom; über 5.000 Firmen offerieren hier ihre Produkte oder Dienstleistungen. Jeder PC-Besitzer kann nach seiner Btx-Anmeldung über ein Modem die verschiedenen Btx-Dienste (inclusive T-Online) nutzen. Dazu gehören Veranstaltungstips, Reiseangebote, Nachrichten, elektronische Flohmärkte, Kaufhauskataloge, Infodienste, E-Mail und der Zugang zum Internet (Vgl. Abb. 103).

Abb. 103: Die Beispiele der Leistungsangebote von Btx und T-Online (Quelle:[2])

Pilotversuche für On-Demand-Systeme und Teleshopping werden auch von RWE und Veba in einigen Städten durchgeführt. Ziel ist die Installation von breitbandigen Fernseh- und Telekommunikationsnetzen sowie die Bereitstellung geeigneter Dienste für Privat- und Firmenkunden.[3]

2.9. Die Archivierung und die Katalogerstellung

Überwiegend im geschäftlichen Bereich und in Behörden ist die Archivierung der Geschäftsvorfälle, Verträge und Unterlagen jeglicher Art unerläßlich. Die optischen Speichermedien eigenen sich für diese Speicherung besonders, denn im Falle der CD-R oder CD-Worm können die gespeicherten Daten nachträglich nicht mehr geändert werden. Es entstehen Vorteile z.B. durch die Platzersparnis bei der Aufbewahrung, eine erhöhte

---

[1] 1&1 Direkt - Gesellschaft zur Vermarktung von Informationstechnologien mbH: BTX goes Multimedia, a.a.O.; IBM Deutschland Informationssysteme GmbH (Geschäftssegment Multimedia): a.a.O., S. 19
[2] 1&1 Direkt - Gesellschaft zur Vermarktung von Informationstechnologien mbH: BTX goes Multimedia, a.a.O.; Matting, Matthias: a.a.O., S. 129
[3] Vgl. o.V.: RWE und Veba testen Multimedia, in: Computer Zeitung, 26. JG., Nr. 14, Donnerstag, 6. April 1995, S. 2

Arbeitsproduktivität, einfache Backups und eine sehr hohe Sicherheit der gespeicherten Daten.[1]

In Bibliotheken und Archiven ersetzt die CD-ROM mehr und mehr die Microfilme und -fiche. Stichwort- und Autorenregister, Kataloge und Sammlungen finden sich auf dem runden Datenträger wieder. Gefährdete Bücher und Schriften können digitalisiert werden und für die Nachwelt erhalten bleiben, außerdem sind sie auf diese Weise einer breiteren Masse zugänglich (Vgl. Abb. 104).[2]

Abb. 104: Das Selbstportrait von Vincent van Gogh (Quelle:[3])

Das BKA (Bundeskriminalamt) in Wiesbaden nahm bereits vor einigen Jahren zwei Systeme namens AFIS und FISH in Betrieb, die dem polizeilichen Erkennungsdienst dienen und auf große Datenarchive zurückgreifen. Mit AFIS lassen sich Anfragen bezüglich Fingerabdrücken innerhalb weniger Stunden durchführen. Über Scanner mit hohen Auflösungen werden neue Fingerabdruckmuster eingelesen und in das zentrale Datenarchiv aufgenommen. Das System FISH arbeitet auf ähnliche Weise und dient der Erkennung und Zuordnung von Handschriften anhand deren typischen Merkmalen. Mit Hilfe dieser beiden Systeme ist es gelungen, den Arbeitsaufwand und die Bearbeitungszeit einzelner Anfragen deutlich zu reduzieren.[4]

Im Rahmen des DeTe-BERKOM-Projektes hat die Bundesanstalt für Materialforschung und -prüfung (BMA) zusammen mit der Firma Philips ein Datenarchiv erstellt. Über das ISDN-Netz können von der BMA alle erforderlichen Daten, wie Prüfdaten, Protokolle, Gutachten und die aufbereiteten Röntgenbilder, der zu prüfenden Fälle sehr schnell abgerufen werden.[5]

Ca. 28.000 elektronische Akten stehen den Mitarbeitern des Steueramtes der Stadt Lüdenscheid im Bereich Grundbesitzabgaben zur Verfügung. Die Arbeitsschritte zum jeweiligen Vorfall werden automatisch zugeordnet, die Fehlerquellen minimiert (Vgl. Abb. 105). Ein noch größeres Datenaufkommen, von 20 Millionen bestehenden Akten und jährlich ca. 100.000 neuen Anträgen, soll bei der EPO (Europäische Patentamt) in Den Haag und

---

[1] Vgl. Müller, Armin: a.a.O., S. 100 ff.
[2] Vgl. Steinbrink, Bernd: a.a.O., S. 111 f.; Kiermeier, Michael: a.a.O., S. 50 f.
[3] MICROGRAFX: a.a.O.
[4] Vgl. Ulbrich, Hans-Joachim: Erfolge der forensischen Kriminalistik hinken krimineller Phantasie hinterher, in: Computer Zeitung, 26. JG., Nr. 8, Donnerstag, 23. Februar 1995, S. 24
[5] Vgl. Messina, Calogero: a.a.O., S. 51

München archiviert werden. Man erhofft sich durch die schnelleren Aktenzugriffe eine Verkürzung der Antragsverfahren.[1]

Abb. 105: Der Scan-Arbeitsplatz in einer Behörde (Quelle:[2])

Die Verminderung des Verwaltungsaufwandes, ein besserer Datenaustausch und die Senkung der Archivkosten waren auch für die BZI GmbH und mehrere Unternehmen der Bertelsmanngruppe in Zusammenarbeit mit der Docuphot AG Anlaß für die Entwicklung einer zentralen multimedialen Datenbank. Über die integrierte Software wird die komfortable digitale Verwaltung, Recherche, Verarbeitung und Archivierung von Bildmaterial vorgenommen. Zukünftig sollen neben Animationen und Sound auch digitale Videos in die Datenbank aufgenommen werden können.[3]

In dem elektronischen Katalog der Bonner Firma Klöckner-Moeller, tätig in der Elektrotechnikbranche, befinden sich die 1.200 Seiten des Hauptkataloges und 8 verschiedene Gebietskataloge mit über 35.000 verschiedenen Produkten. Die CD-ROM erleichtert mit Suchroutinen das Auffinden verschiedener Artikel, die zur Verfügungstellung von Text- und Bildinformationen und die Bestellung. Neben einer Senkung der Herstellungskosten für die Kataloge wird z.B. auch die Nachrecherche bei Bestellfehlern reduziert. Möglich wird dies mit der automatischen Erfassung der ausgewählten Produkte im integrierten Bestellformular. Fehler die sonst z.B. beim Übertragen der Artikelnummer geschehen, sind damit ausgeschlossen.[4]

2.10. Die Dokumentation

Sämtliche Produkte, von der Kaffeemaschine bis zum Computer, sind mit einer Bedienungsanleitung oder Dokumentation in Papierform versehen. Das Nachschlagen in Problemfällen oder bei Komplikationen ist meist zeitaufwendig und die Lösungen bzw. die Erklärungen oft nur schwer verständlich. Aus diesem Grund setzen sich Handbücher und

---

[1] Vgl. Müller, Wolfgang: a.a.O., S. 89 f. u. S. 92
[2] IBM: Abbau der Aktenberge - seit langem ein Ziel, in: IBM Nachrichten - Das Magazin für Technologie und Lösungen, 44. JG., Nr. 318, September 1994, S. 25
[3] Vgl. o.V.: Bertelsmann stellt auf zentrale Multimedia-Datenbank um, in: multiMEDIA - Informationsdienst für Medienintegration, 5. JG, Nr. 10/95, Oktober 1995, S. 19
[4] Vgl. Müller, Bernhard: Elektronische Kataloge auf CD-ROM lösen immer häufiger die Printmedien ab, in: Computer Zeitung, 26. JG., Nr. 8, Donnerstag, 23. Februar 1995, S. 6

Betriebsanleitungen auf CD-ROM, besonders mit graphischen Elementen und Beispielen, immer mehr durch. Der Benutzer kann interaktiv über den Bildschirm sein Problem lösen (Vgl. Abb. 106).[1]

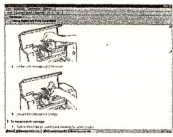

Abb. 106: Die Installation und Wartung eines Tintenstrahldruckers (Quelle:[2])

2.11. Die Produktion und die Resourcen-Verwaltung

Computer spielen heute im betrieblichen Planungs-, Produktions- und Kontrollprozeß eine erhebliche Rolle bei der Unterstützung des Menschen. Einige Branchen wären ohne den Computer nicht leistungs- und überlebensfähig. Der Einsatz von Multimediasystemen, wie in der Produktionsüberwachung mittels Video oder digitaler Bildverarbeitung zur Mustererkennung und Maschinensteuerung, ist sehr erfolgversprechend (Vgl. Abb. 107). In den Bereichen Kontrolle und Steuerung von Prozessen ergeben sich damit weitere vielfältige Möglichkeiten. Fehlentscheidungen, Ausfälle oder Engpässe werden vermieden oder gemindert.[3]

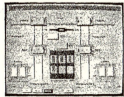

Abb. 107: Die Maschinensteuerung über PC (Quelle:[4])

Japanische Automobilkonzerne arbeiten schon seit Jahren erfolgreich mit voll automatisierten, multimedialen Konzepten. Der Bereich der Telerobotik, hierbei werden Roboter durch Sprache, Bewegungen (Data Glove) oder Kommandos von Menschen über Datenanzüge gesteuert, verspricht ein großer Erfolg zu werden. So könnten Satelliten ohne Gefahr für

---

[1] Vgl. Schmenk, Andreas/ Wätjen, Andreas: a.a.O., S. 185
[2] HP: Online-Hilfe für den HP Deskjet 850C, 1995
[3] Vgl. Kiermeier, Michael: a.a.O., S. 50 f.; Steinbrink, Bernd: a.a.O., S. 115
[4] IBM: Hochglanz und High-Tech, in: IBM Nachrichten - Das Magazin für Technologie und Lösungen, 44. JG., Nr. 318, September 1994, S. 14

Menschen gewartet, gesunkene Schiffe geborgen oder Fernerkundungen mittels Roboter vorgenommen werden.[1]

2.12. Die Navigationssysteme

Es handelt sich bei Navigationssystemen oder Routenplanern um Programme bzw. Komplettsysteme, die eine Positionsbestimmung mittels detaillierter, digitalisierter Landkarten, Datenbanken, Auswertungsprogramme sowie Satelliten vornehmen. Die Genauigkeit der Positionsbestimmung liegt im 100 Meter-Bereich, ein Wert von unter 10 Metern läßt sich über Näherungsverfahren und zusätzliche elektronische Hilfsmittel erzielen.[2] Der Anwender gibt neben seinen persönlichen Präferenzen den Start- und den Zielpunkt an. Das System ermittelt daraufhin, entsprechend der Vorgaben und Einschränkungen, die Fahrtroute, deren Länge und die voraussichtliche Fahrzeit.[3]

Der Einsatz solcher Systeme ist in jedem Fahrzeug denkbar, von der Segeljacht bis zum Flugzeug. Änderungen in der Verkehrs- oder Wetterlage würden automatisch berücksichtigt und die Route geändert. Die zunehmende Unterstützung der Systeme durch Audio, Grafik und Video läßt Navigationssysteme benutzerfreundlicher und damit effektiver werden. Technisch sehr weit entwickelte Programme könnten in der Zukunft auch die Steuerung der Fahrzeuge übernehmen, ähnlich dem Autopiloten bei Flugzeugen.[4] Die Satellitennavigationssysteme würden sich unter Umständen gleichfalls für die Wiederbeschaffung gestohlener Fahrzeuge oder die geplante Autobahngebühr eignen. Im Falle der Autobahngebühr werden die Fahrzeuge per Satellit automatisch in den einzelnen Streckenabschnitten erfaßt und so die Gesamtautobahnnutzung ermittelt.[5]

Abb. 108: Der Travel-Pilot (Quelle:[6])

Ein sehr komfortables Navigationssystem bieten die Automobilhersteller BMW und Mercedes an (Vgl. Abb. 108). Die Software und die Landkarten sind auf CD-ROM gespeichert, die

---

[1] Vgl. Wratil, Peter: a.a.O., S. 35 f.; Bullinger, Hans-Jörg, (Hrsg.)/ Bauer, Wilhelm: a.a.O., S. 25
[2] Vgl. Göring, Olaf: Bomben lassen sich mit GPS ebenso aufspüren wie Äcker düngen, in: Computer Zeitung, 26. JG., Nr. 6, Donnerstag, 9. Februar 1995, S. 24
[3] Vgl. Eder, Brita/ Schmidt, Hans: Wo bin ich?, in: CHIP, o. JG., Nr. 3/95, März 1995, S. 88 ff.
[4] Vgl. Steinbrink, Bernd: a.a.O., S. 116 f.; Kiermeier, Michael: a.a.O., S. 49
[5] Vgl. Göring, Olaf: a.a.O., S. 24
[6] o.V.: Per Satellit durch die fremde Stadt, in: Darmstädter Echo, Beilage IAA '95, 51. JG., Freitag, 15. September 1995, S. 11

Navigation wird über Satellit vorgenommen. Die Position des Wagens ergibt sich aus den Satellitendaten, der Geschwindigkeit des PKWs und der entsprechenden Landkarte auf CD-ROM. Über einen kleinen Monitor wird die Position des Wagens z.B. auf dem Stadtplan angezeigt. Das System führt den Fahrer selbständig zum Ziel. Neben Sprachkommandos wie „die nächste Kreuzung rechts" denkt das System mit, d.h. hält sich der Fahrer nicht an die Anweisungen, sei es weil er wegen einer Baustelle nicht abbiegen konnte oder zu spät reagiert hat, ändert das Programm automatisch den Reiseweg.[1]

2.13. Die Wartung, die Reparatur und der Produktservice

Die Durchführung von Wartungen oder Reparaturen und deren präzise Anleitung können multimedial dargestellt werden. Produkte bzw. Dienstleistungen, die sich festgelegter Arbeitsabläufe, Handgriffe und Werkzeuge bedienen, lassen sich so besser darstellen, als eine mehrseitige Arbeitsanleitung in Papierform. Durch das einheitliche Medium, das die Reparatur- oder Wartungsschritte leicht verständlich in Text, Bild, Ton und Video zeigt, kann die Fehlerquote stark verringert werden. Gewisse Fluggesellschaften lassen die Wartung bzw. Reparatur ihrer Maschinen nur entsprechend der CD-ROM-Anleitungen durchführen. Nachträgliche Änderungen der Durchführungen oder neue Auflagen des Gesetzgebers lassen sich später ohne großen Aufwand implementieren und über die CD-ROM z.B. an alle Vertragshändler weiterleiten. Damit ist stets ein einheitlicher Qualitäts- und Informationsstandard gewährleistet.[2]

Ein anderes Beispiel aus der Praxis bietet der Autohersteller Renault. Für anstehende Reparaturen werden die Mechaniker nur auf Standardprobleme vorbereitet. Spezielle Defekte können sie an einem MPC graphisch erkunden und sich anschließend die nötigen Reparaturen Schritt für Schritt vermitteln lassen. Denkbar wäre auch eine Kombination mit einer Liste, in der alle Fahrzeugteile, Bestellnummern und Bestandsmengen abrufbar sind. Der Mechaniker erhält für die zur Reparatur benötigten Teile Informationen, z.B. ob diese vorrätig sind oder automatisch nachbestellt werden.[3]

Der Produktservice erstreckt sich auf die Handbücher sowie Dokumentationen zu Hard- und Softwareprodukten. Diese werden meist als Online-Hilfe für den PC erstellt. Der Benutzer kann in einem Inhaltsverzeichnis blättern, bestimmte Schritte auslassen oder zu einem spätern Zeitpunkt nachlesen (Vgl. Abb. 109). Der Umfang und die Art der Darstellung können hierbei sehr stark, von der einfachen Text- bis zur Video- und Sprachsequenz, variieren. Seit

---

[1] Vgl. o.V.: Per Satellit durch die fremde Stadt, a.a.O., S. 11; Eder, Brita/ Schmidt, Hans: a.a.O., S. 88 ff.
[2] Vgl. Steinbrink, Bernd: a.a.O., S. 118 ff.
[3] Vgl. Messina, Calogero: a.a.O., S. 49 ff.

1991 bietet beispielsweise die Firma SUN die Dokumentation zu ihren Workstations auf CD-ROM an. Diesem Prinzip sind auch Microsoft und Apple gefolgt.[1]

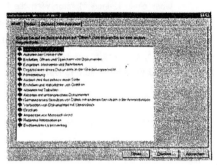

Abb. 109: Die Onlinehilfe von Microsoft Word 7.0 für Windows 95 (Quelle:[2])

[1] Vgl. Steinbrink, Bernd: a.a.O., S. 118 ff.
[2] Microsoft Online-Hilfe für Microsoft Word 7.0 für Windows 95, 1995

VI. Die Zukunft von Multimedia

1. Die Entwicklung des Multimediamarktes

Multimedia scheint ein beachtliches Wachstumspotential zu besitzen, welches sich nicht verleugnen läßt. Über 47 % der Anwender und 59 % der Anbieter schätzen die Tendenzen für die noch junge Technologie mit gut bis sehr gut ein.[1] Die Menge der potentiellen Kunden ist gewaltig, versierte Computeranwender, weniger technikbegeisterte Personen und Unternehmen werden gleichermaßen angesprochen.[2] So rechnet die Multimedia Development Group bis 1998 mit einem weltweiten Umsatzanstieg von 25 Milliarden US-Dollar für den gesamten Multimediabereich.[3] Legt man die Erwartungshaltung internationaler Führungskräfte als allgemeinen Trend zugrunde, so wird sich Multimedia aufgrund seiner charakteristischen Vorteile sehr schnell global etablieren können.[4]

1.1. Die weltweite Entwicklung

Die Dynamik des weltweiten Multimediamarktes ist beachtlich, so sind bis Ende 1995 insgesamt 178,1 Millionen Personal Computer verkauft worden, davon rund 22,7 % PCs mit CD-ROM-Laufwerk. Schätzungen zufolge soll der Anteil der MPCs 1996 auf 26,7 % steigen, das entspricht 57,1 Millionen Stück (Vgl. Abb. 111).

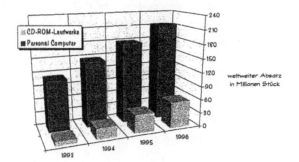

Abb. 111: Der weltweite Absatz von Computern und MPCs (Quelle:[5])

---

[1] Vgl. Hitzges, Arno u.a.: a.a.O., Abbildung 3.7, S. 54
[2] Vgl. Börner, Wolfgang/ Schnellhardt, Günther: a.a.O., S. 193
[3] Vgl. Thompson, Steven A./ Aleshire, Keith: a.a.O., S. 17
[4] Vgl. Abb. 110: Die Erwartungshaltung von internationaler Führungskräften bezüglich Multimedia, Anhang S. 118
[5] Vgl. o.V.: Multimedia: Neue Medienwelt, Spezial zur CeBit´95 Hannover, in: DM, Nr. 3/95, März 1995, S. 112

Bis Ende 1995 wurden mit großer Wahrscheinlichkeit weltweit mehr als 30 Millionen CD-ROM-Laufwerke abgesetzt. Man schätzt, daß die Multimedia-Industrie mit dem digitalen Video auf CD-ROM den Film- bzw. Heimvideomarkt sehr schnell um das zwei- bis fünffache überflügeln wird.[1]

Der Absatz von Videokomprimierungschips nach dem MPEG-Standard verzeichnete in den vergangenen Jahren einen stetigen Anstieg. In CD-I-Geräten werden 1996 voraussichtlich 2,35 und in MPCs 1,68 Millionen Stück integriert werden.[2] Dieser Trend der digitalen Bild- und Videoverarbeitung wird durch das noch einzuführende digitale interaktive Fernsehen und Video sicherlich noch verstärkt werden. Für 1998 geht man von einem globalen Umsatz von 6 Mrd. US-Dollar für den digitalen Videomarkt aus (Vgl. Abb. 112).

Abb. 112.: Die Umsatzentwicklung für den digitalen Videomarkt (Quelle:[3])

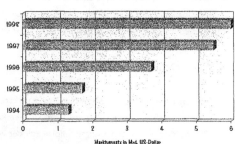

Marktumsatz in Mrd. US-Dollar

Die Annahmen für den professionellen Einsatz von On- und Offline-MPCs am Weltmarkt liegen für die Jahrtausendwende bei rund 45 Milliarden DM. Nach einer Studie von Roland Berger & Partner wird der gesamte weltweite Multimediamarkt im Jahre 2000 ein Volumen von circa 140 Milliarden DM aufweisen.[4]

Das interaktive Fernsehen kann dabei seinen Marktanteil von 1% aus dem Jahre 1993 auf 10 % im Jahre 2000 ausbauen. Der Anteil der im heimischen Bereich eingesetzten Multimedia-Computer verringert sich, bedingt durch interaktives Fernsehen, auf knapp 20 %. Dagegen werden multimediale Desktopsysteme, mit rund 30 % des Umsatzvolumens, den wichtigsten Bereich darstellen (Vgl. Abb. 113).

---

[1] Vgl. Thompson, Steven A./ Aleshire, Keith: a.a.O., S. 18
[2] Vgl. Steinbrink, Bernd: a.a.O., S. 137
[3] Vgl. Graf, Joachim: Explodierender Videoumsatz mit CD-Titeln, in: Media-Net-Special: Über Multimedia für AV, Video- und Fernsehprofis, Juli 1993, München 1993, S. 1
[4] Vgl. Kammann, Hans: Interactive Services - Markt der Zukunft? Bertelsmann Strategieansätze zur Ausnutzung interaktiver Medien, in: „Deutscher Multimedia Kongreß ' 95 - Auffahrt zum Information Highway", hrsg. v. Glowalla, U., Berlin/ Heidelberg 1995, S. 70

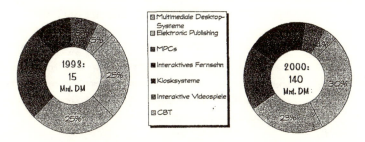

Abb. 113: Die Entwicklung des weltweiten Multimediamarktes bis zum Jahr 2000 (Quelle:[1])

Die Entwicklung von Offline-Multimediaprodukten zu integrierten Online-Produkten vollzieht sich in mehreren Schritten. Bis zum Jahr 2000 können am weltweiten Multimediamarkt ·für alle Bereiche Umsatzzuwächse verzeichnet werden. Der Bereich der Offline-Produkte erreicht hier sein Maximum. Aufgrund der Senkung der Telekommunikationskosten und der zunehmenden Ersetzung durch Online-Produkte werden die Umsätze der Offline-Produkte in den folgenden Jahren zurückgehen. Der Durchbruch des interaktiven Fernsehens im Jahr 2000 führt in den Folgejahren zu großen Umsatzsteigerungen. Voraussichtlich im Jahr 2010 werden die Online-Produkte mit dem interaktiven Fernsehen technisch gesehen verwachsen und ein integriertes System bilden (Vgl. Abb. 114).[2]

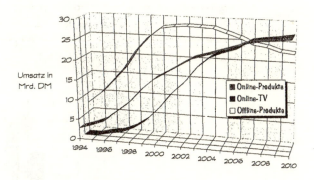

Abb. 114: Die Entwicklung der On- und Offline-Multimediaprodukte bis zum Jahr 2010 (Quelle:[3])

---

[1] o.V.: Interaktives Fernsehen wird der Hit, in: Computer Zeitung, 26. JG., Nr. 39, Donnerstag, 28. September 1995, S. 25
[2] Vgl. Kinnebrock, Wolfgang: a.a.O., S. 31
[3] Vgl. Kurzidim, Michael: Pioniere in Wartestellung, in: c´t, o. JG., Nr. 8, August 1995, S.28

1.2. Die Entwicklung in Europa und der BRD

Während der Absatz von Computersystemen zwischen 1991 und 1994 nur relativ
gleichmäßige Zuwachsraten verzeichnete, entwickelte er sich zwischen 1994 und 1995
überdurchschnittlich. Für 1996 erwartet man eine weitere Absatzsteigerung, der Anteil von
Multimedia-PCs an den europaweit abgesetzten Rechnereinheiten wird dann wahrscheinlich
schon knapp 50 Prozent gegenüber rund 30 Prozent im Jahre 1995 betragen (Vgl. Abb. 115).[1]

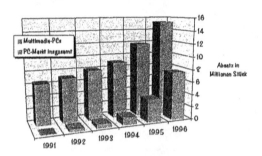

Abb. 115: Der Absatz von MPCs am europäischen Markt (Quelle:[2])

Eine umfangreiche Palette von Multimediasoftware ist zur Zeit auf dem Markt allerdings noch
Mangelware. Die Herstellung solcher Produkte ist heute noch sehr zeitintensiv und mit hohen
Kosten verbunden. Hinzu kommt das fehlende, bzw. wenig verbreitete Know-how zur
Entwicklung solcher Anwendungen. Der Großteil des gesamten Umsatzes beruht folglich auf
dem Absatz von Hardwarebausteinen (Vgl. Abb. 116).

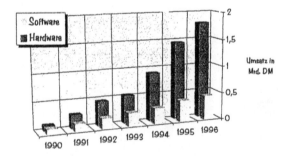

Abb. 116: Der deutsche Multimediamarkt 1990-1996 (Quelle:[3])

---

[1] Vgl. Steinbrink, Bernd: a.a.O., S. 131; von Kraewel, Thea: a.a.O., S. 25 f.
[2] Vgl. von Kraewel, Thea: a.a.O., S. 26
[3] Vgl. Kiermeier, Michael: a.a.O., S. 13

Ein Umsatzvolumen von mehr als 3 Mrd. DM prognostiziert das Marktforschungsinstitut IDC für den deutschen Hard- und Softwaremarkt bis Ende 1996.[1] Knapp 42 % aller deutschen Haushalte sollen im Jahr 2000 einen PC besitzen und mehr als die Hälfte davon mit einem CD-ROM ausgerüstet sein.[2] Bei einer günstigen Trendentwicklung rechnet man sogar mit einem Verbreitungsgrad für PCs von 60 bis 70 % in den europäischen Haushalten.[3] Bis 1998 sind in Europa bei den CD-basierenden Spielekonsolen noch Absatzzuwächse zu erwarten, danach werden die Verkaufszahlen kontinuierlich zurückgehen. Grund hierfür ist die immer stärkere Verbreitung des MPCs.[4]

Die Multimedia-Bereiche Kommunikation, Point of Sale, Point of Information, Computer Based Training und Werbung gehören zu den Marktfeldern, denen Anbieter und Nachfrager, entsprechend einer Umfrage, die größten Wachstumschancen einräumen.[5]

Virtual Reality wird in der Zukunft mehr und mehr im professionellen Bereich eingesetzt werden, aber auch im Consumerbereich seinen Einzug halten. Es ist möglich, daß bereits in fünf Jahren 15 bis 20 % aller deutschen Haushalte über VR-fähige Spielekonsolen und Computer verfügen. Die wichtigsten Einsatzgebiete von Virtual Reality liegen, gemäß einer Erhebung, in der Medizin, der Architektur und bei Computerspielen (Vgl. Abb. 119).[6]

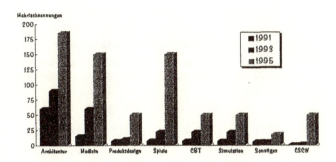

Abb. 119: Die Relevanz von VR in den verschiedene Anwendunsgebieten (Mehrfachnennungen) (Quelle:[7])

---

[1] o.V.: Nächste Abfahrt Wohnzimmer, in: DM, 35. JG., Nr. 4/95, April 1995, S. 45
[2] Vgl. Middelhoff, Thomas: a.a.O., S. 52 f.
[3] Vgl. Bodenkamp, Jens: Der PC als Auffahrt zur Datenautobahn und mehr, in: „Deutscher Multimedia Kongreß '95 - Auffahrt zum Information Highway", hrsg. v. Glowalla, U., Berlin/ Heidelberg 1995, S. 241
[4] Vgl. o.V.: Wachstum bei CD-Videospielkonsolen, in: multiMEDIA - Informationsdienst für Medienintegration, 5. JG, Nr. 11/95, November 1995, S. 5; Abb. 117: Der voraussichtliche Absatz der CD-basierenden Videospielkonsolen, Anhang S. 118
[5] Vgl. Hitzges, Arno u.a.: a.a.O., S. 49 f. u. S. 55; Abb. 118: Der Einsatz von Multimedia in den Unternehmensbereichen, Anhang S. 119
[6] Vgl. Bullinger, Hans-Jörg, (Hrsg.)/ Bauer, Wilhelm: a.a.O., S. 18
[7] Bullinger, Hans-Jörg, (Hrsg.)/ Bauer, Wilhelm: a.a.O., S. 23

1.3. Die Kundenakzeptanz

Der wirkliche Durchbruch am Markt kann der Multimediatechnologie nur gelingen, wenn dem zukünftigen Anwender neben der benötigten Hardware auch eine umfangreiche Softwarepalette zur Verfügung steht.[1] Bezüglich des Bereiches Kommunikation ist es dringend notwendig in Europa einheitliche Standards, Konzepte und Gebühren für den multimedialen Datenaustausch und die Netznutzung zu schaffen, um die Ausweitung von Multimedia nicht zu begrenzen.[2] Generell sind für den effektiven Einsatz von Multimedia und die breite Verfügbarkeit von Anwendungen international gültige Standards eine wichtige Voraussetzung, die es zu realisieren gilt.[3]

Das Kaufverhalten der Kunden, bzw. die Akzeptanz von Multimediasystemen und VR-Systemen, wird besonders nachhaltig durch den Mehrnutzen des Multimediaproduktes gegenüber den gebräuchlichen Medien gesteuert. Der Mehrnutzen läßt sich, durch besseren Bedienkomfort, leichtere Verständlichkeit der Medieninhalte und nicht zuletzt durch akzeptable Preise, verwirklichen. Daher liegt es an der Industrie, diesen Mehrnutzen zu verwirklichen.[4]

Multimedia ist eine schnellebige Technologie. Für Anwender wie Hersteller von Multimediaprodukten ist es elementar, Systeme zu verwenden, bzw. zur Verfügung zu stellen, die offen und flexibel eingesetzt werden können. Diese Multimediasysteme müssen die Fähigkeit besitzen, sich entsprechend der technischen Neuerungen ständig erweitern zu lassen. Umfragen zur Folge besitzen Produkte ohne eine offene Systemstruktur, d.h. die über keine plattformunabhängige Technik verfügen, am Markt auf lange Sicht keine Absatzchancen.[5]

2. Die zukünftige technische Entwickung

Noch festzusetzende internationale Standards und Formate werden in der Zukunft die Kompatibilität der gesamten multimedialen Hard- und Software unter- und zueinander gewähren, Installationsprobleme und Rechnerabstürze wird es damit nicht mehr geben.[6]

---

[1] Vgl. Börner, Wolfgang/ Schnellhardt, Günther: a.a.O., S. 194
[2] Vgl. Kiermeier, Michael: a.a.O., S. 15 u. S. 20
[3] Vgl. Glowalla, Ulrich/ Schoop, Eric: a.a.O., S. 15
[4] Vgl. Hitzges, Arno; u.a.: a.a.O., S. 54 f.
[5] Vgl. Steinbrink, Bernd: a.a.O., S. 152 u. S. 155
[6] Vgl. Nastansky, Ludwig: Architekturen und Plattformen für koopereatives betriebliches Informations-management unter Integration multimedialer Datentypen, in: „Deutscher Multimedia Kongreß '95 - Auffahrt zum Information Highway", hrsg. v. Glowalla, U., Berlin/ Heidelberg 1995, S. 220; Messina, Calogero: a.a.O., S. 238; Stucki, P.: a.a.O., S. 4

Letztendlich wird jedoch der Verbraucher entscheiden, welche Technik mit welchen Anwendungen seinen Ansprüchen gerecht wird. Dabei wird der Preis der Technik eine nicht unerhebliche Rolle spielen.[1]

2.1. Die CPU und die Speichermedien

Die Standard-CPU im PC-Bereich wird 1996 der Pentiumprozessor sein und frühestens 1997 durch den Pentium Pro abgelöst werden. Eine Pentium-CPU mit 150 MHz Taktfrequenz soll Ende des Jahres 1996 preislich auf dem Niveau eines heutigen 75 MHz-Prozessors liegen.[2]

Innovationen wie der blaue Laser ermöglichen in der Zukunft die Herstellung einer CD-ROM mit 1,2 Gigabyte oder einer wiederbeschreibbaren CD-MO mit einer Speicherkapazität von 6,5 GByte.[3] Hewlett-Packard arbeitet bereits an einer wiederbeschreibbaren CD, das Laufwerk mit vierfacher Geschwindigkeit wird neben Audio-CDs auch sämtliche anderen Standards verarbeiten können. Mit Hilfe der „Super-Mo-Technik" möchte Fujitsu ein 3 ½ Zoll MO-Medium entwickeln, dessen Speicherkapazität über 4 GByte liegt und eine Datenübertragungsrate von rund 8 MByte/s gewährleistet.[4]

Für Mitte 1996 sind bereits zwei neue CD-ROM-Formate angekündigt. Es handelt sich dabei um die MMCD, entwickelt von Sony/Phillips und die SD-Disk der Allianz um Toshiba. Die neuen CD-ROM-Scheiben bieten, je nach Version, eine Speicherkapazität zwischen 3,7 und 18 GByte. Die Daten werden im Ein- oder Mehrschichtverfahren auf einer oder beiden Seiten der CD untergebracht. Spezielle Versionen sind auch für eine Mehrfachbeschreibung geeignet. Bis zur Markteinführung wollen sich das Toshiba-Konsortium und Sony/Phillips auf einen gemeinsamen Standard einigen.[5]

2.2. Die Datenkomprimierung und die All-In-One-Lösung

Neue spezielle Prozessoren für die Digitalisierung, Kom- und Dekomprimierung von Bildinformationen werden demnächst auf Grafikkarten ihren Platz finden und so die Medien Grafik und Video kostengünstig zusammenfassen.[6] Digitales Video wird dementsprechend schnell zum Standardausstattungsmerkmal von Computern gehören.[7] Neue Verfahren in der

---

[1] Vgl. Börner, Wolfgang/ Schnellhardt, Günther: a.a.O., S. 33
[2] Vgl. Bäurle, Robert/ Wasem-Gutensohn, Jürgen: a.a.O., S. 65 f.
[3] Vgl. Börner, Wolfgang/ Schnellhardt, Günther: a.a.O., S. 100; Schmenk, Andreas/ Wätjen, Andreas: a.a.O., S. 141
[4] Vgl. o.V.: HP: Preisgünstiges und wiederbeschreibbares CD-Laufwerk/ Fujitsu: 4 GByte auf 3,5-Zoll-Diskette, in: PC WELT, o. JG., Nr. 11/95, November 1995, S. 13
[5] Vgl. Schepp, Hilmar: Das neue CD-ROM-Zeitalter, in: DOS-International, o. JG., Nr. 11/95, November 1995, S. 30 f.
[6] Vgl. Schlicht, Hans-Jürgen: a.a.O., S. 111 u. S. 113
[7] Vgl. Kaufmann, Wolfgang/ Müller, Jens: a.a.O., S. 15

Komprimierung von Audio- und Videodaten befähigen zukünftig jeden Anwender, eine umfangreiche Bild- und Tonbearbeitung vorzunehmen. Daneben wird die Datenkomprimierung die bestehenden Übertragungs- und Speicherprobleme multimedialer Daten zu einem erheblichen Teil verringern.[1]

Einige Chiphersteller wie Cirrus Logic beabsichtigen die Entwicklung von Schaltkreisen, die gemeinsam die gesamte Bürokommunikation übernehmen können. Die sonst üblichen separaten Büroarbeitsplatzgeräte Telephon, Anrufbeantworter und Modem werden damit überflüssig, eine Erweiterungskarte im PC genügt.[2]

„Mpact", der multimediale Allround-Chip von Chromatic Research, ist in der Lage bis zu sieben Hardwarekomponenten zu ersetzen. Der Mitte 1996 erscheinende Chip übernimmt die digitale Video-, Ton- und 3D-Grafikbearbeitung sowie die Funktionen des Telefons, des Faxgerätes, der DFÜ oder des Videokonferencing.[3] Wie Chromatic Research will auch Intel sämtliche Multimediafunktionen mit ihrem „Native Signal Processing"-Ansatz in einem Chip vereinen und damit der Flut von Standards und Multimedia-Erweiterungskarten ein Ende bereiten. Der PC soll hierdurch noch anwenderfeundlicher und Multimedia einer breiteren Masse von Personen zugänglich gemacht werden.[4]

2.3. Die Bildschirme und das interaktives Fernsehen

Die LCD- oder Plasmatechnik wird um die Jahrtausendwende einen Entwicklungsstand erreicht haben, der neue Bildschirme für das Fernsehen oder den PC ermöglicht. Bei diesen Displays werden dann Dimensionen real, die bisher unmöglich waren. So sollen die Geräte nur wenige Zentimenter tief und absolut strahlungsarm sein, außerdem würden sich Bildschirmdiagonalen von über einem Meter leicht verwirklichen lassen.[5]

Das interaktive Fernsehn wird möglichweise unser altbewährtes System ablösen. Spielfilme, Reportagen und Nachrichten lassen sich dann entsprechend den persönlichen Interessen auswählen.[6] Es sind On-Demand-Systeme im Gespräch, bei denen nur die effektive Nutzung in Rechnung gestellt wird. Man zahlt also nur das, was man auch wirklich in Anspruch nimmt. Über das Homeshopping können dann sämtliche Konsumgüter und Dienstleistungen bequem

---

[1] Vgl. Messina, Calogero: a.a.O., S. 227 f.
[2] Vgl. Wendeln-Münchow, Dorothea: Hochintegrierter Chip schafft Platz auf dem Schreibtisch, in: Computer Zeitung, 26 JG., Nr. 8, Donnerstag, 23. Februar 1995, S. 17
[3] Vgl. o.V.: Multimediachip: Digitaler Alleskönner, in: Computer Zeitung, 26. JG., Nr. 42, Donnerstag, 19. Oktober 1995, S. 3
[4] Vgl. Bonert, Erich: Intel zieht die Trumpfkarte im Multimediaspiel, in: Computer Zeitung, 26. JG., Nr. 9, Donnerstag, 2. März 1995, S. 17
[5] Vgl. Gruber, Ralf: Flacher, größer, breiter - die Bildschirmzukunft, in: PC PROFESSIONAL, o. JG., Nr. 8/95, August 1995, S. 24 f.
[6] Vgl. Kaufmann, Wolfgang/ Müller, Jens: a.a.O., S. 16; Spanik, Christian/ Rügheimer, Hannes: a.a.O., S. 411

von zu Hause aus geordert werden.[1] In den USA werden zu diesem Zweck in einigen Städten schon heute Großversuche durchgeführt.[2]

2.4. Multimedia im Haushalt [3]

Die Einsatzmöglichkeiten multimedialer Systeme ist vielschichtig, es besteht im Grunde kein Bereich oder Aufgabenkomplex, in dem Multimedia nicht unterstützend wirken würde.

Das multimediale System erleichtert, überwacht oder steuert die tägliche Arbeit. Informationen werden selektiert und benutzerkonform aufbereitet. Im privaten, geschäftlichen oder öffentlichen Bereich wird es einmal möglich sein, seine Post, bestehend aus Text, Bild, Audio und Video weltweit zu verschicken. Über den Computer kann man mit jedem anderen Computernutzer visuell und akustisch in Verbindung treten. Zuhause werden das Fernsehgerät, der Videorekorder, die Stereoanlage, die Alarmanlage und das Telefon, praktisch die gesamte vorhandene Haushaltselektronik, vom Rechner gelenkt. Das System erinnert an Termine, schaltet Geräte ein und aus, reguliert die Beleuchtung, Heizung oder Ähnliches, verschickt und empfängt die elektronische Post, zeichnet Fernsehsendungen ohne die Werbespots auf und archiviert diese.

2.5. Virtual Reality

Eine realitätsnahe, mit höherem Erlebniswert versehene Präsentation von Arbeiten oder Projekten läßt sich durch den breiten Einsatz von Virtual Reality verwirklichen. So verwundert es nicht, daß sich die meisten großen Industriekonzerne oder Institutionen, wie die NASA - die Chancen dieser Technik vor Augen - auf dem Gebiet der VR-Technologie engagieren.[4] In den USA werden z.B. seit längerem in mehreren Forschungseinrichtungen virtuelle Museen kreiert, deren Besuch ein Erlebnis der besonderen Art ist.

Die Hard- und Softwarehersteller richten sich auf diese Entwicklung ein, es werden neue VR-Ausrüstungen konstruiert. Bereits zum Einsatz kommt eine 3D-Brille, bei der die dreidimensionalen Darstellungen direkt auf die Netzhaut der Augen projiziert wird.[5] Einen anderen Weg schlagen Informatiker der Technischen Universität Dresden ein. Ihr 3D-Video-Display basiert auf einem gewöhnlichen LCD-Display mit einer Tiefe von weniger als 10 cm. Die auf dem Monitor abgebildete Stereoansicht eines Objektes verändert sich entsprechend

---

[1] Vgl. Engelmann, Erhard: a.a.O., S. 62; Hultzsch, Hagen: Interaktive Video Services, in: „Deutscher Multimedia Kongreß '95 - Auffahrt zum Information Highway", hrsg. v. Glowalla, U., Berlin/ Heidelberg 1995, S. 66 f.
[2] Vgl. Müller, Wolfgang: a.a.O., S. 173 ff.
[3] Vgl. Messina, Calogero: a.a.O., S. 56
[4] Vgl. Spanik, Christian/ Rügheimer, Hannes: a.a.O., S. 412 f.
[5] Vgl. Müller, Wolfgang: a.a.O., S. 155

der Kopfbewegung des Betrachters, die über eine Spezialkamera registriert wird. Sogar mehrere Betrachter sollen ein einziges Objekt aus verschiedenen Ansichten betrachten können.[1]

2.6. Die multimediale Kommunikation

Die akustische Kommunikation zwischen Mensch und Computer, als wachsender Technologiezweig, wird in der Zukunft in den meisten Anwendungsbereichen noch stärker stattfinden als bisher.[2] Nicht mehr allein Hinweise auf Probleme oder Situationen werden über Spracheingabe und -ausgabe gemeistert, es ist denkbar, daß Fahrzeuge, Maschinen und Computer sich mit dem Menschen verständigen und so gesteuert werden. Wichtigste Voraussetzung wird hierfür allerdings die Eindeutigkeit der menschlichen Sprache sein.[3] In sehr vielen Bereichen unseres täglichen Lebens, aber besonders bei der Büroarbeit, wird die Sprache die Arbeit mit Computern erleichtern.[4]

2.7. Die Telearbeit und die Online-Dienste

Für die Entwicklung neuer Medien spielen die Online-Dienste, die sich der Telekommunikations- und Computernetzewerke bedienen, eine immer bedeutendere Rolle. Allerdings setzt die zunehmende Einbindung von Videos, Bildern, Sprache und ähnlichen Elementen eine Leistungssteigerung der Übertragungsmedien voraus.[5] Ende dieses Jahrtausends rechnet man mit ca. 40 Millionen Benutzern die sich der Datenhighways und Online-Dienste bedienen. Allein das Kundenpotential von Datex-J (Btx) der Telekom ist inzwischen auf über 700.000 Teilnehmer angewachsen.[6]

Der Trend zur Telearbeit wird sich mit großer Sicherheit in den nächsten drei Jahren einstellen. Zwei Drittel der 1.000 weltweit größten Unternehmen haben Umfragen zufolge bereits Erfahrungen mit der Telearbeit gesammelt und planen den Ausbau dieser Bereiche.[7] Die Zahl von derzeit rund 30.000 Telearbeitern in Deutschland könnte bis zum Jahr 2000 auf 800.000 ansteigen, allein in den Vereinigten Staaten arbeiten bereits heute 7,6 Millionen Menschen als Teleworker zu Hause.[8]

---

[1] Vgl. Preu, Achim: Dresdner Forscher eröffnen dem Computer neue Perspektiven, in: Darmstädter Echo, 51. JG., Freitag, 16. Juni 1995, S. 6
[2] Vgl. Gertler, Nat: a.a.O., S. 45
[3] Vgl. Boner, Andreas: Spracherkennung mit dem Computer, Aarau 1992, S. 209 ff.
[4] Vgl. Kiermeier, Michael: a.a.O., S. 47
[5] Vgl. Kinnebrock, Wolfgang: a.a.O., S. 146
[6] Vgl. Burda, Hubert: Europa Online, in: ,,Deutscher Multimedia Kongreß '95 - Auffahrt zum Information Highway", hrsg. v. Glowalla, U., Berlin/ Heidelberg 1995, S. 38
[7] Vgl. o.V.: Großunternehmen: Telearbeit im Kommen, in: Computer Zeitung, 26. JG., Nr. 45, Donnerstag, 19. Oktober 1995, S. 4
[8] Vgl. o.V.: Chancen durch Telearbeit, in: Darmstädter Echo, 51. JG., Samstag, 9. Dezember 1995, S. 6

Um die Nutzung öffentlicher und privater Netzwerke stärker voranzutreiben und Bereiche wie Online-Dienste oder Teleworking auch in Europa stärker als bisher zu etablieren sind geänderte rechtliche Rahmenbedingungen, eine entsprechende Infrastruktur und eine Liberalisierung der Telekommunikationsmärkte nötig.[1]

Erst Netzwerke wie das VBN (Glasfasernetz der Telekom) oder ISDN werden die nötige Übertragungsgeschwindigkeit und -qualität besitzen um Multimedia zum echten Durchbruch zu verhelfen.[2] Somit werden die öffentlichen und die bis dahin bestehenden privaten Netze Qualität und Kosten der zukünftigen Kommunikation bestimmen.[3] Doch ein solches Glasfasernetz wird in Deutschland sehr wahrscheinlich erst im nächsten Jahrtausend zur Verfügung stehen und Investitionen in Höhe von ca. 500 Mrd. DM erfordern.[4] An der Verkabelung Deutschlands mit dem Datenhighway der Zukunft möchten sich mehrere Firmenkonsortien, neben der Deutschen Telekom, beteiligen. Nach dem Fall des Telekommonopols 1998 stehen die Chancen für die einzelnen Allianzen nicht schlecht, sich einen Teil des im Jahr 2000 auf 80 Milliarden US-Dollar geschätzten deutschen Telekommunikationsmarktes zu sichern.[5]

Einen Schritt weiter möchte der amerikanische Konzern Motorola mit seinem „Iridium-System" gehen. Ende der neunziger Jahre sollen 77 Satelliten auf geostationärer Umlaufbahn für ein weltumgreifendes Kommunikationsnetz sorgen, das es ermöglicht, an jedem Ort der Erde über sogenannte Gateways (Kommunikationsknotenpunkte) erreichbar zu sein. Über Schnittstellen sollen neben dem Telefon auch Faxgeräte und Computer angeschlossen werden können. Ähnliche Pläne hat auch eine Allianz von Unternehmen, angeführt vom Microsoftgründer Bill Gates. Der Endbenutzer soll dieses aus 840 Minisatelliten zusammengesetzte globale Datennetz direkt anwählen und sich Zutritt verschaffen können.[6]

3. Die zukünftige multimediale Gesellschaft

Die Nutzung der stets voranschreitenden Technologie und der sich daraus ergebenden Möglichkeiten für Multimedia führen zu einer neuen Form des Zusammenlebens und einer

---

[1] Vgl. Schulz, Beate: a.a.O., S. 83 f.; Rüttgers, Jürgen: Multimedia - Technische Entwicklung und Anwendungsperspektiven, in: „Deutscher Multimedia Kongreß ´95 - Auffahrt zum Information Highway", hrsg. v. Glowalla, U., Berlin/ Heidelberg 1995, S. 24
[2] Vgl. Kinnebrock, Wolfgang: a.a.O., S. 35 f.; Müller, Wolfgang: a.a.O., S. 149; Glowalla, Ulrich/ Engelmann, Erhard/ de Kemp, Arnoud/ Rossbach, Gerhard/ Schoop, Eric: Auffahrt zur Informationsautobahn, in: „Deutscher Multimedia Kongreß ´95 - Auffahrt zum Information Highway", hrsg. v. Glowalla, U., Berlin/ Heidelberg 1995, S. 2
[3] Vgl. Hünseler, Anton/ Kanzow, Jürgen: a.a.O., S. 85
[4] Vgl. Müller, Wolfgang: a.a.O., S. 149
[5] Vgl. Holzwart, Gerhard: Monopoly spielen ohne Gewähr auf die Schloßallee, in: Computerwoche, 22. JG., Nr. 15, 14. April 1995, S. 7 u. S. 10; Abb. 120: Die Allianzen des Telekommunikationsmarktes für das Jahr 1998, Anhang S. 119
[6] Vgl. Kinnebrock, Wolfgang: a.a.O., S. 37

sich verändernden Gesellschaft. Wir befinden uns auf dem Weg in eine Informations- und Dienstleistungsgesellschaft, die neue Dimensionen besonders in der Kommunikation eröffnet.[1]

Diese Informationsgesellschaft basiert auf rechnergestützten Systemen, die eine sehr ausgeprägte Dialogfähigkeit besitzen. Maschinelle Intelligenz, Wissen und Information haben in unserer Gesellschaft schon längst den Stellenwert von materiellen Wirtschaftsgütern erreicht. In unserem gesamten Umfeld, in der Wirtschaft, der Forschung und auch der Politik, fallen große Mengen an Informationen an, die der einzelne Mensch alleine nicht mehr nutzen kann. Eine Technologie, die dem Menschen die Selektion von Informationen nach persönlichen Gesichtspunkten erleichtert, deren Inhalt leichter verständlich macht und eine fast grenzenlose Kommunikation ermöglicht, findet sich in Multimedia wieder.[2]

Unser heutiges Ausbildungssystem ist überlastet. Es kann den steigenden Anforderungen und dem technischen Fortschritt nur bedingt und vor allem zeitversetzt folgen und so den nötigen Bildungsbedarf lediglich in Grenzen befriedigen. Die Aus- und Weiterbildung wird durch Multimedia orts- sowie zeitunabhängig und kann dann, je nach Bedarf, durchgeführt werden.[3]

Der Einsatz von Multimedia ist in nahezu jedem Bereich unseres täglichen Lebens möglich und wird bald die Arbeitswelt, Schule und Ausbildung, unsere Freizeit und Unterhaltung nachhaltig verändern.[4] Durch die Computer-, die Telekommunikations- und Unterhaltungsindustrie sowie das Teleworking werden neue Berufsbilder entstehen und alte wegfallen. Die Bereiche der menschlichen Arbeit, der Freizeit und des Wohnens verwachsen durch die zunehmende Kommunikationsfähigkeit der multimedialen Systeme miteinander.[5] Allein im Telekommunikationsmarkt könnten bis zum Jahre 2005 in Deutschland rund fünf Millionen neue Arbeitsplätze entstehen.[6]

Die Flexibilisierung von wirtschaftlichen Abläufen und menschlicher Arbeit führen zu einer Reorganisierung der Unternehmen. Die Folge davon werden viele kleine Unternehmen sein, die ihre Aufgaben mittels multimedialer Kommunikation ortsungebunden erfüllen können.[7] Dies wird zwangsläufig auch Auswirkungen auf die Wirtschafts-, Verkehrs-, Raum- und Städteplanung haben. Unsere gesamte Infrastruktur wird sich den verändernden Bedingungen anpassen müssen.[8]

---

[1] Vgl. Wratil, Peter: a.a.O., S. 14 f.; Fickert, Thomas: a.a.O., S. 5; Glowalla, Ulrich/ Engelmann, Erhard/ de Kemp, Arnoud/ Rossbach, Gerhard/ Schoop, Eric: a.a.O., S. 1
[2] Vgl. Messina, Calogero: a.a.O., S. 237; Wratil, Peter: a.a.O., S. 14 f.
[3] Vgl. Rüttgers, Jürgen: a.a.O., S. 23; Kaufmann, Wolfgang/ Müller, Jens: a.a.O., S. 30
[4] Vgl. Thompson, Steven A/ Aleshire, Keith: a.a.O., S. 20
[5] Vgl. Schulz, Beate: a.a.O., S. 11; Rüttgers, Jürgen: a.a.O., S. 21 .
[6] Vgl. Westermann, Hanko: Telekommunikation weltweit, in: Darmstädter Echo, 51. JG., Mittwoch, 4. Oktober 1995, S. 8
[7] Vgl. Bickmann, Roland: Der Kunde „just in time", die neue Organisation unserer Märkte, in: „Deutscher Multimedia Kongreß '95 - Auffahrt zum Information Highway", hrsg. v. Glowalla, U., Berlin/ Heidelberg 1995, S. 98
[8] Vgl. Müller, Wolfgang: a.a.O., S. 160 f.

Interaktives Fernsehen oder vernetzte Multimediacomputer bieten auch die Möglichkeit, die Demokratie neu zu gestalten. In elektronischen Bürgerversammlungen können die Menschen Fragen an die Politiker stellen, Diskussionen und Abstimmungen werden auf einfache Art vollzogen. Solche Systeme wären auch für Volksentscheide und Wahlen denkbar. Der Bürger würde hierdurch die Möglichkeit erhalten, aktiver an der Politik teilzunehmen. In den USA wurden bereits erste Versuche und praktische Anwendungen in diesem Bereich vollzogen und solche Kommunikationssysteme erfreuen sich großer Beliebtheit in der Bevölkerung.[1]

Die Akzeptanz dieser neuen Kommunikationsmöglichkeiten ist derzeit in unserer Gesellschaft gedämpft, es bestehen Vorbehalte gegen Computer und damit auch gegen Multimedia. Der größere Teil der jüngeren Generation steht dem Medium Multimedia jedoch offen gegenüber. Mit ein Grund ist wohl die bessere Ausbildung und das Großwerden im Computerzeitalter. Nur die Bereitstellung kostengünstiger, benutzerfreundlicher und leistungsfähiger Systeme auf der einen Seite und ein offener Umgang mit Multimedia auf der anderen, kann die Menschen von den Vorteilen und dem Nutzen dieser Technik überzeugen.[2]

4. Die Problematik des Multimediaeinsatzes

Die Nutzung multimedialer Kommunikationssysteme erfordert von den Benutzern spontane, flexible Reaktionen und das Treffen von Entscheidungen. Nicht jeder Anwender kann diese Ansprüche erfüllen, das Potential der Multimediasysteme wird somit nur teilweise genutzt.[3]

Generell besteht beim Einsatz von multimedialen Anwendungen die Gefahr, den Nutzen und das eigentliche Ziel von Multimedia zugunsten der Kosteneinsparung aus den Augen zu verlieren. Der persönliche Kontakt, das Gespräch und der Umgang mit anderen Menschen sind ebenso wichtig wie ein fundiertes Basiswissen. Multimedia soll unterstützend wirken und nicht vollkommen den Menschen ersetzten.[4]

Multimediale Kiosk- und Informationssysteme führen zu einer „Mensch-Maschinen" Kommunikation, die die zwischen zwei Menschen ersetzt. Auf dieser Kommunikationsebene werden dann ausschließlich Sachinformationen ausgetauscht, der persönliche Kontakt geht völlig verloren. Hiervon werden besonders ältere Menschen betroffen sein, die durch diese Entwicklung zunehmend auf sich alleine gestellt sein werden.[5] Menschen, die nicht in der Lage sind geistig dem technischen Fortschritt zu folgen oder denen das Interesse fehlt, werden mehr und mehr von vielen Lebensbereichen ausgeschlossen.[6]

---

[1] Vgl. Müller, Wolfgang: a.a.O., S. 176 f.
[2] Vgl. Messina, Calogero: a.a.O., S. 237; Stucki, P.: a.a.O., S. 4 f.
[3] Vgl. Rachor, Ursula: a.a.O., S. 119
[4] Vgl. Hitzges, Arno u.a.: a.a.O., S. 50
[5] Vgl. Wratil, Peter: a.a.O., S. 76
[6] Vgl. Malzbender, Hildegard: Multimedia: a.a.O., S. 158

Bestimmte Personengruppen werden die „Mensch-Maschinen" Kommunikation der „Face to face" Kommunikation vorziehen, weil sie hier mit weniger Problemen als im wirklichen Alltag konfrontiert werden. Der Realitätsverlust und die Vereinsamung sind die Folge. Diese Menschen werden kaum noch zwischen künstlicher Realität und der Wirklichkeit unterscheiden können. Dazu bedarf es nicht erst des perfekten Cyberspace. Dieses Problem tritt bereits heute bei Jugendlichen auf, die ihre gesamte Freizeit mit Computer- oder Videospielen verbringen.[1]

Die Wirklichkeit zu simulieren, wie es in Virtual Reality versucht wird, birgt die Gefahr in sich, daß Personen diese künstliche Welt der realen vorziehen, quasi als Fluchtmöglichkeit nutzen. Mitunter mag eine Reise in den Cyberspace recht aufregend und spannend sein. Doch besteht hier, bei sehr intensiver und fortdauernder Nutzung, eine sehr große Suchtgefahr für die Anwender, von der besonders Jugendliche betroffen sind.[2]

Die Auswirkungen eines sehr langen Cyberspaceaufenthaltes zeigen auch Auswirkungen auf den Körper. Gesundheitliche Schäden, wie Schwindel, übertriebene Reflexe und Orientierungslosigkeit sind oft die Folge, da sich der menschliche Körper nur langsam an herrschende Bedingungen anpassen kann.[3]

Die künstlich im Computer geschaffene Welt kann die Risiko- und Gewaltbereitschaft fördern, sie degeneriert die menschliche Kommunikation und der Mißbrauch personenbezogener Daten ist bei vernetzen Systemen nicht ausgeschlossen.[4]

---

[1] Vgl. Wratil, Peter: a.a.O., S. 76
[2] Vgl. Schmenk, Andreas/ Wätjen, Andreas: a.a.O., S. 174; Spanik, Christian/ Rügheimer, Hannes: a.a.O., S. 336 f.
[3] Vgl. Malzbender, Hildegard: Multimedia: a.a.O., S. 158
[4] Vgl. Rademacher, Rochus/ Maushart, Marie-Ann: a.a.O., S. 6

VII. Resümee

Die Computerbranche wird weiterhin mit bahnbrechenden Ideen, Verfahren und Techniken aufwarten können, die die Multimediaentwicklung beflügeln. Die gesamte Multimedia-Technik steht noch am Anfang ihrer Entwicklung. Die gelegten Grundsteine sehen wir heute, doch wie das Morgen werden wird, bleibt abzuwarten. Multimedia wird wahrscheinlich in all unseren Lebensbereichen Einzug halten, ob in der Arbeitswelt, im privaten oder öffentlichen Bereich.[1]

Die Bereiche Computertechnologie, Medien und Telekommunikation werden in den nächsten Jahren eine immer größere Rolle spielen, da die Entwicklung von der Industrie- zur Informationsgesellschaft noch lange nicht vollzogen ist.[2] Integration, Interaktivität und Intuition sind die Prämissen für neue Hard- und Softwareprodukte. Diese sollen die bestehenden Informationssysteme zusammenzufassen und leistungsfähig gestalten.[3]

Zukünftige Virtual Reality-Techniken und -Hardware tragen die Kommunikation zwischen Menschen und Maschinen, sie sind die Schnittstellen der Zukunft.[4] Solche Cyberspacesysteme werden die heutigen in puncto Realitätstreue und Interaktion sicher übertreffen. Dennoch wird noch etwas Zeit vergehen, bis alle unsere Sinne, d.h. auch der Geruchs-, Geschmacks- oder Tastsinn, künstlich simuliert angesprochen werden können.[5]

Besonders die Risiken, die sich durch Multimedia ergeben, sollten nicht beschönigt werden oder unbeachtet bleiben. Zudem kann keine eindeutige Grenze mehr zwischen nutzloser - auf der einen - und sinnvoller Anwendung auf der anderen Seite gezogen werden. Eine Auseinandersetzung der Gesellschaft mit diesen Problemen ist ebenso wichtig, wie die Vorteile in das Rampenlicht zu stellen.[6]

Für den breiten Einsatz der Multimedia- oder Virtual Reality-Technologie in der Zukunft müssen einige Punkte besonders beachtet werden. Hierzu gehören die Standardisierung von Technik und Sprache, eine gewisse Markttransparenz, eine verbesserte Ergonomie · der Hardware, benutzerfreundliche Entwicklungsumgebungen und Autorensysteme. Erst die Erfüllung dieser Anforderungen und ein höheres Anwenderwissen werden Multimedia und dem Cyberspace zum vollen Durchbruch verhelfen.[7]

---

[1] Vgl. Müller, Wolfgang: a.a.O., S.149
[2] Vgl. Glowalla, Ulrich/ Engelmann, Erhard/ de Kemp Arnoud/ Rossbach, Gerhard/ Schoop, Eric: a.a.O., S. 1
[3] Vgl. Wratil, Peter: a.a.O., S. 75
[4] Vgl. Bullinger, Hans-Jörg, (Hrsg.)/ Bauer, Wilhelm: a.a.O., S. 15; Astheimer, Peter, u.a.: a.a.O., S. 278 f.
[5] Vgl. Wratil, Peter: a.a.O., S. 23
[6] Vgl. Wratil, Peter: a.a.O., S. 76 f.
[7] Vgl. Hitzges, Arno u.a.: a.a.O., S. 56 f.

VIII. Anhang

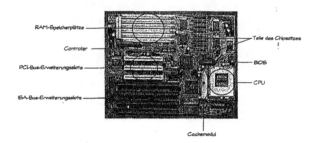

Abb. 20: Das Motherboard (Gigabyte GA586 ATP) (Quelle:[1])

Die Intel-Chip-Familie					
CPU	80286	80386	80486	Pentium	Pentium Pro
• Entwicklungsjahr	1982	1985	1989	1993	1995
• Sprache	CISC	CISC	CISC	CISC/ RISC ähnlich	RISC ähnlich
• Befehlssatz	x86	x86	x86	x86	Umwandlung x86
• Transistorenanzahl (in Millionen)	0,134	0,275	1,2	3,1	5,5/ (15,5 im Cache)
• Typ		SX/ DX	SX/ DX/ DX/2/ DX/4	Superscalar 2 fach	Superscalar 3 fach
• Taktfrequenz (MHz) intern	10-25	16-33	25-100	60-200	150-200
• Datenbusbreite (Bit) intern extern	16 16	32/ 32 16/ 32	32 32	64 64	64 64
• Adressbusbreite (Bit) intern extern	24 24	32/ 32 24/ 32	32 32	32/64 32/64	32/64 32/64
• MIPS	0,9	6	20	100	250
• NPX	nein	nein	nein/ja	ja	ja
• virtuelle Adressierung	ja	ja	ja	ja	ja

Tab. 3: Die Leistungsdaten der Intel-Chip-Familie (Quelle:[2])

[1] Schnurer, Georg: Leistungsträger, in: c't, o. JG., Nr. 10/95, Oktober 1995, S. 156
[2] Vgl. Schieb, Jörg: a.a.O., S. 48 ff.; Kloth, Axel: a.a.O., S. 73 f.; Rode, Hans-Jürgen: a.a.O., S. 30 ff.; Huttel, Klaus Peter: a.a.O., S. 52 ff.; Wasem-Gutensohn, Jürgen: Intel tauft den High-End-CPU - P6 wird zu Pentium Pro, in: DOS-International, o. JG., Nr. 11/95, November 1995, S. 18

Die optischen Speichermedien

Medium	CD-ROM (XA)	Photo-CD	CD-R	CD-WORM	CD-MO
Größe (Zoll)	3 ½ / 5 ¼	5 ¼	5 ¼	3 ½/ 5 ¼/ 12	3 ½/ 5 ¼
Kapazität (MByte)	128 bis 650	650	650	128 bis 6500	128 bis 4900
Zugriffszeit (ms)	150 bis 300			100	25 bis 50
Datentransferrate (KByte/s)	150 bis 900			1000	300 bis 6000
Lebensdauer (Jahre)	50 bis 100	50	5 bis 10	25 bis 30	15 bis 30

Tab. 6: Der Vergleich der optischen Speichermedien (Quelle:[1])

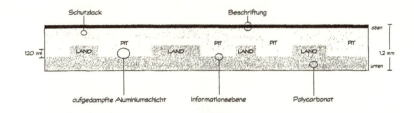

Abb. 27: Der CD-ROM-Schichtaufbau (Quelle:[2])

Die Color Book Standards

• Standard	• Standardisierung	• Medium	• Sonstiges
Green Book	1987	CD-I, CD-ROM/XA	Datenkomprimierung, „interleave" Aufzeichnung für simultane Wiedergabe von Audio und Video
Orange Book	1989	CD-MO, CD-WORM, CD-R	Multisessionfähigkeit
Red Book	1982	Audio-CD	
White Book	1991	CD-I, CD/XA, Photo-CD	Spezifikation für sogenannte Bridge-Discs
Yellow Book	1984	CD-ROM, CD-ROM/XA	Verwendung des ADPCM-Verfahrens
Blue Book	?	Neuer Standard für alle optischen Datenträger	Erhöhung der Speicherdichte (geplant CD-MO mit 6,5 Gigabyte)

Tab. 7: Der Vergleich der Color Book Standards (Quelle:[3])

---

[1] Hahn, Harald: a.a.O., S. 258; Strass, Hermann: Massenspeicher optimal einsetzen: a.a.O., S. 307; Müller, Ralf: a.a.O., S. 12
[2] Strass, Hermann: Massenspeicher optimal einsetzen: a.a.O., Abb. 5.2, S. 84; Steinmetz, Ralf: a.a.O., S. 154 Abb. 6-1
[3] Strass, Hermann: Massenspeicher optimal einsetzen: a.a.O., S. 255 ff.; Börner, Wolfgang: a.a.O., S. 75; Steinmetz, Ralf: a.a.O., S. 152 f.

Zeilensprungverfahren (Interlaced-Verfahren):

Bei einem Fernsehgerät wird das auf der Bildschirmoberfläche zu projizierende Einzelbild generell in zwei Teile (ungerade und gerade Zeilen) zerlegt. Jedes Halbbild wird 25 mal in der Sekunde (PAL-Norm) abgebildet, so wird eine für das menschliche Auge flimmerfreie Darstellung mit 50 Hz erzeugt. Bei einem Computer-Monitor führt ein Zeilensprungverfahren zu einer flimmernden Darstellung (interlaced), da sich die Bildinformationen von Einzelbild zu Einzelbild im Gegensatz zum Fernseh- oder Videobild kaum verändern.

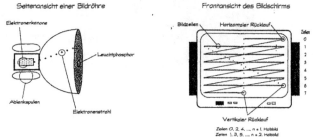

Non-Interlaced-Verfahren:

Um die negativen Folgen des Interlaced-Verfahrens auszuschalten wird bei modernen Monitoren das vollständige Einzelbild mit einer größeren Bildwiederholfrequenz ohne Zeilensprung auf die Monitoroberfläche projiziert. Von einer Non-Interlaced-Darstellung spricht man, wenn das einzelne Bild mit 68 bis 95 Hz dargestellt und so ein ergonomisches Arbeiten ermöglicht wird.

Abb. 41: Das Funktionsprinzip eines Monitors (Quelle:[1])

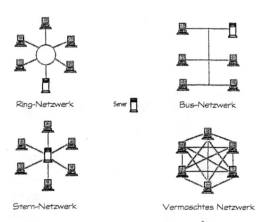

Abb. 58: Die Arten der LAN-Netzwerke (Quelle:[2])

---

[1] Schlicht, Hans-Jürgen: a.a.O., S. 85; Thompson, Steven/ Aleshire, Keith: a.a.O., S. 184; Schmenk, Andreas/ Wätjen, Arno: a.a.O., S. 26 f. u. S. 98 f.; Frater, Harald: a.a.O., S. 359 f.; Kiermeier, Michael: a.a.O., S. 149 ff.
[2] Tornsdorf, H./ Tornsdorf, M.: a.a.O., S. 74; James, Mike: a.a.O., S. 192 u. S. 201; Gärtner, Gerold: a.a.O., S.23 ff.

Tab. 12: Der Vergleich der Betriebssysteme (Quelle:[1])

Der Vergleich der Betriebssysteme

	MS-DOS	MS Windows 3.1[A]	MS Windows NT	OS/2 Vers. 2.0	UNIX	Windows '95
Hersteller	Microsoft	Microsoft	Microsoft	IBM	AT&T/Novel	Microsoft
Unterstützte Hardware	alle Intelprozessoren	Intelprozessoren ab 80286	Intelprozessoren ab 80386, DEC Alpha	Intelprozessoren ab 80386	Intelprozessoren ab 80386, alle anderen	Intelprozessoren ab 80386
maximaler Arbeitsspeicher	640 KByte	16 MByte	4 GByte	4 GByte	4 GByte	4 GByte
Bitarchitektur	16	16	32	32	32	32
virtuelle Speicherverwaltung	nein	ja	ja	ja	ja	ja
Multitasking	nein	non-preemptive	preemptive	preemptive	preemptive	preemptive
Unterstützung für DOS und Windows?	nein	ja	ja	ja	ja	ja
Netzwerkfähigkeit	nein	mit Windows für Workgroups	ja	mit OS/2 LAN-Manager	ja	ja
Minimalanforderungen für volle Funktionsfähigkeit	-	Intel 80386 DX 33, 4 MByte RAM (besser 8 MByte)	Intel 80486 DX 33, 16 MByte RAM	Intel 80486 DX 33, 16 MByte RAM	Intel 80486 DX 33, 16 MByte RAM	Intel 80486 DX2/66, 8 MByte RAM (besser 16 MByte)

[A] Graphische Benutzeroberfläche

[1] Vgl. Hahn, Harald: a.a.O., S. 405; Rode, Hans-Jürgen: a.a.O., S. 273 ff. u. S. 291; Huttel, Klaus Peter: a.a.O., S. 345 ff. u. S. 348 ff.; Spanik, Christian/ Rügheimer, Hannes: a.a.O., S. 395 f. u. S. 399 f.

Die DFÜ-Netze der Deutschen Telekom

	Telefon-Netz	Datex-P-Netz	ISDN	VBN
Inbetriebnahme	1873	1980	als Schmalbandnetz ab 1986 in zwei Städten; ab 1990 Einsatz in acht miteinander verbundenen Ortsnetzen der BRD (gesamte BRD bis 1995); als Breitbandnetz (Glasfaser) in gesamter BRD bis 2015	1983 als einzelne „BIGFON"-Versuchsnetze; seit 1989 in 29 miteinander verbundenen Städten („Overlay"-Netz); Bundesweite Einführung im nächsten Jahrtausend
Einsatzgebiete	ursprünglich für den Fernsprechdienst, später zusätzlich Dienste: BTX, Teletex, Telebrief, Telebox, DFÜ	Datenübertragung von geringen bis mittleren Volumen	Übertragung digitalisierter Daten, Texte, Bilder und Sprache	Übertragung von Daten, Text, Bild und Sprache im Glasfaserkabel; seit 1990 Einsatz für Videokonferenz, Tele-Publishing und Tele-Medizin
Übertragung • Medium	Kupferkabel, Zweidraht	Kupferkabel	digitalisiertes Telefonnetz (Kupferkabel), ab Mitte der 90er Jahre Übergang auf Glasfaser	Glasfaserkabel
Technik	analog, ab 1990 auch digital im ISDN	digitale Übertragung	digitale Übertragung (drei Kanäle)	digitale Übertragung
• Kapazität	analog 3,1 kHz, ab 1990 7 kHz, digital 144.000 Bit/s	110 bis 48.000 Bit/s	144.000 Bit/s für zwei Kanäle je 64.000 Bit/s und einen Steuerkanal („D-Kanal" mit 16.000 Bit/s	1990: 140 Millionen Bit/s (MBit/s), vorgesehen für 565 MBit/s; Versuch 1,7 Mrd. Bit/s (GBit/s)
Betriebsart	vollduplex	vollduplex	vollduplex	vollduplex
• Verbindung	leitungsvermittelt	paketvermittelt	1. leitungsvermittelt, 2. feste Verbindung, 3. „vorbestellte Dauerwählverbindung"	je nach Dienst leitungs- oder paketvermittelt; vorgewählte Dauerwählverbindung; Vermittlungs- und Verteilnetz
• Endgeräte	Fernsprecher (auch ISDN), Modem, Btx- und Teletax-Gerät	PC mit entsprechender Endeinrichtung	ISDN-Telefon, PC mit ISDN-Karte, Lokale Netze, Bildschirm-Telefon, Grafik-Telefon, Btx-Geräte, Teletex etc.	im Endstadium alle Kommunikationsgeräte
Verbreitung	weltweit	76 Länder inklusive USA, Frankreich und Fernost	1995: 100% der BRD geplant; Europa, USA, Japan (feste Standards für Europa)	BRD, Japan, USA und Europa im Versuchsstadium
Gebührenstruktur	einmalige Bereitstellungsgebühr; Grundgebühren im Monat; Gebühren für Einheiten variabel nach 3 Entfernungs- 2 Tageszeitstufen (BRD) und Arbeits- und Feiertagen	Monatliche Grundgebühr (abhängig von Übertragungsgeschwindigkeit); Verbindungs-gebühren pro Minute (abhängig von Übertragungsvolumen und Anzahl der Verbindungen im Monat); drei Tageszeitstufen sowie Wochen- und Feiertag; Gebühr für Anpassung von zeichenorientierten Daten; Gebühr für Teilnehmererkennung und Zugangsgebühr bei Übergang auf andere Netze	Bereitstellungsgebühr für Basis- oder Primärmultiplex-Anschluß; monatliche Grundgebühren; Gebühren für angeschlossene Benutzergruppen, Anrufumleitung/ Weiterschaltung Einheiten wie beim Telefonnetz, bei Nutzung beider Kanäle doppelte Einheiten; einmalige Bereitstellungsgebühr und monatliche Grundgebühr für den Übergang zu Datex-P	keine Angaben

Tab. 10: Die DFÜ-Netze der Deutschen Telekom (Quelle:[1])

[1] Weidner, Walther. a.a.O., S. 142 ff.

Abb. 110: Die Erwartungshaltung internationaler Führungskräfte bezüglich Multimedia (Quelle:[1])

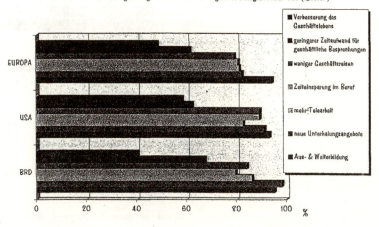

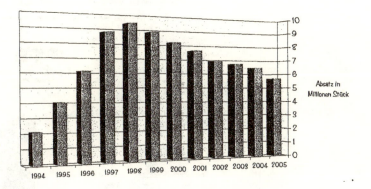

Abb. 117: Der voraussichtliche Absatz der CD-basierenden Videospielkonsolen (Quelle:[2])

[1] o.V.: Die Europäer reden nur vom Infohighway, in: Computer Zeitung, 26. JG., Nr. 6, Donnerstag, 9. Februar 1995, S. 1
[2] o.V.: Wachstum bei CD-Videospielkonsolen, a.a.O., S. 5

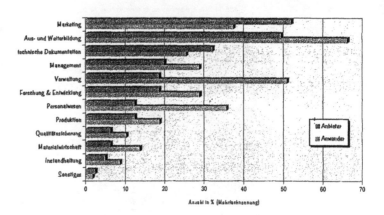

Abb. 118: Der Einsatz von Multimedia in den Unternehmensbereichen (Quelle:[1])

Abb. 120: Die Allianzen des Telekommunikationsmarktes für das Jahr 1998 (Quelle:[2])

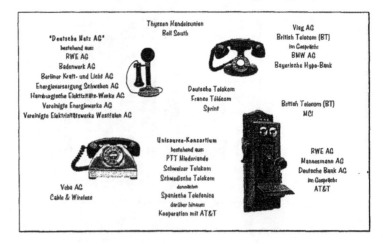

[1] Hitzges, Arno u.a.: a.a.O., S. 50
[2] Holzwart, Gerhard: Monopoly spielen ohne Gewähr auf die Schloßallee, a.a.O., S. 7

IX. Literaturverzeichnis

<u>I&I Direkt - Gesellschaft zur Vermarktung von Informationstechnologien mbH:</u>
BTX goes Multimedia, Verkaufsprospekt, eigene Publikation, Ausgabe Juli 1995

<u>I&I Direkt - Gesellschaft zur Vermarktung von Informationstechnologien mbH:</u>
Internet News - Sommer '95, Verkaufsprospekt, eigene Publikation, 1995

<u>I&I Direkt - Gesellschaft zur Vermarktung von Informationstechnologien mbH:</u>
T-Online - Online total, Preis genial!, Verkaufsprospekt, eigene Publikation, 1995, S. 2-9

<u>Adaptec (Hrsg.):</u>
User Guide AHA-2940/2940W/2944W PCI-to-Fast and Wide SCSI Host Adapter, eigene Publikation, 1993, S. 1—7

<u>Astheimer, Peter/ Felger, Wolfgang/ Göbel, Martin/ Müller, Stefan/ Ziegler, Rolf:</u>
Industrielle Anwendungen der Virtuellen Realität - Beispiele, Erfahrungen, Probleme & Zukunftsperspektiven, in: Virtual Reality '94 - Anwendungen und Trends, IPA/ IAO-Forum am 9. und 10. Februar 1994, hrsg. v. Warnecke, H.-J./ Bullinger, H.-J., Berlin/ Heidelberg/ New York/ London/ Paris/ Tokio / Hongkong/ Barcelona 1994, S. 261-279

<u>Atelco GmbH:</u>
Verkaufsprospekt, eigene Publikation, Ausgabe Nr. 5 (02. März 1995) bis Nr. 2 (18. Januar 1996)

<u>Bader, Gerhard:</u>
Aus eigener Brennerei, in: CHIP, o.JG., Nr. 3/94, März 1994, S. 180-181

<u>Bäurle, Robert/ Wasem-Gutensohn, Jürgen:</u>
Highlights '95 und Prognosen '96: Das ändert sich 1996, in: DOS-International, o. JG., Nr. 1/96, Januar 1996, S. 65-67

<u>Behling, Heinz:</u>
Bits statt Bücher, in: PC GO!, o. JG., Nr. 12/95, Dezember 1995, S.140-141

<u>Bickmann, Roland:</u>
Der Kunde „just in time", die neue Organisation unserer Märkte, in: „Deutscher Multimedia Kongreß '95 - Auffahrt zum Information Highway", hrsg. v. Glowalla, U., Berlin/ Heidelberg 1995, S. 95-99

<u>Bischoff, Roland:</u>
Prozessoren: Der 386er ist tot, in: DOS-International, o. JG., Nr. 12/95, Dezember 1995, S. 9

<u>Bodenkamp, Jens:</u>
Der PC als Auffahrt zur Datenautobahn und mehr, in: „Deutscher Multimedia Kongreß '95 - Auffahrt zum Information Highway", hrsg. v. Glowalla, U., Berlin/ Heidelberg 1995, S. 239-247

<u>Bögeholz, Harald:</u>
Platten-Karussell, in: c't, Magazin für Computer Technik, o. JG., Nr. 11/95, November 1995, S. 114-119

<u>Bögeholz, Harald:</u>
Massenspeicher, in c't, Magazin für Computer Technik, o. JG., Nr. 12/95, Dezember 1995, S. 152-156

Boner, Andreas:
Spracherkennung mit Computer, Aarau 1992

Bonert, Erich:
Intel zieht die Trumpfkarte im Multimediaspiel, in: Computer Zeitung, 26. JG., Nr. 9, Donnerstag, 2. März 1995, S. 17

Börner, Wolfgang/ Schnellhardt, Günther:
Multimedia - Grundlagen, Standards, Beispielanwendungen, 1. Auflage, München 1992

Brockhaus Lexikon:
dtv-Taschenbuchausgabe, Band 12, München 1986, S. 9 f.

Brückner, Martina:
Kommunikation ohne Grenzen, in: Report 5/93, Sonderdruck März 1993, Nachdruck aus der Mitarbeiterzeitschrift der IBM Deutschland GmbH, hrsg. v. IBM Deutschland Informationssysteme GmbH, WT Wissenschaft, Heidelberg 1993

Bruns, Enno:
Auf Videosehen, in: PC GO!. o. JG., Nr. 11/95, November 1995, S. 20-22

Bruns, Enno:
Kinokarten, in: PC GO!, o. JG., Nr. 12/95, Dezember 1995, S. 18-22

Bruns, Enno:
Video-Optimisten, in: PC GO!, o. JG., Nr. 12/95, Dezember 1995, S. 8-17

Bullinger, Hans-Jörg (Hrsg.)/ Bauer, Wilhelm:
Strategische Dimensionen der Virtual Reality, in: Virtual Reality '94 - Anwendungen und Trends, IPA/ IAO-Forum am 9. und 10. Februar 1994, hrsg. v. Warnecke, H.-J/ Bullinger, H.-J., Berlin/ Heidelberg/ New York/ London/ Paris/ Tokio/ Hongkong/ Barcelona 1994, S. 15-26

Burda, Hubert:
Europa Online, in: „Deutscher Multimedia Kongreß '95 - Auffahrt zum Information Highway", hrsg. v. Glowalla, U., Berlin/ Heidelberg 1995, S. 38-41

ComTech GmbH:
Verkaufsprospekt, eigene Publikation, Ausgabe Nr. 5/1995 bis Nr. 24/1995

Cordes, Ralf/ Schoop, Eric:
Erfahrungen mit der Anwendung von Multimedia in der Arbeitswelt, in: „Deutscher Multimedia Kongreß '95 - Auffahrt zum Information Highway", hrsg. v. Glowalla, U., Berlin/ Heidelberg 1995, S. 215-217

Cordes, Ralf:
Multimediakommunikation in privaten Netzen, in: Multimedia - Neue Anwendungen in der Telekommunikation, Arbeitsgemeinschaft VDE-Bezirksverein Frankfurt am Main vom 25.01. bis 15.02.1993, hrsg. v. Forst, H. J., Berlin/ Offenbach 1993, S. 37-54

Creative:
Wave-Studio, Sound LE und SB PRO Mixer, 1992

Dataquest:
International European PC Operating System Sales History and Forecast, 1995

DELL Computer GmbH:
Latitude Notebook, Verkaufsanzeige, in: PC Direkt, o. JG., Nr. 10/95, November 1995, Rückseite

Eder, Brita/ Schmidt, Hans:
Wo bin ich?, in: CHIP, o. JG., Nr. 3/95, März 1995, S. 88-90

Effelsberg, Thomas:
Verteilte Multimediasysteme, Tagungsband, Stuttgart 1993, München/ London/ New Providence/ Paris 1993

ELSA GmbH:
Lust auf MPEG?, Verkaufsanzeige, in: PC GO!, o. JG., Nr. 12/95, Dezember 1995, S.11

Encarnação, José L./ Dingeldein, Dennis/ Wiedling, Hans-Peter:
World Wide Web: Perspektiven für die multimediale Kommunikation, in: „Deutscher Multimedia Kongreß '95 - Auffahrt zum Information Highway", hrsg. v. Glowalla, U., Berlin/ Heidelberg 1995, S. 42-50

Encarnação, José L./ Foley, James D.:
Multimedia - System Architectures and Applications, Berlin/ Heidelberg 1994

Encarnação, José L./ Noll, Stefan/ Schiffer, Norbert:
Multimedia und CSCW, in: Multimedia - Neue Anwendungen in der Telekommunikation, Arbeitsgemeinschaft VDE-Bezirksverein Frankfurt am Main vom 25.01. bis 15.02.1993, hrsg. v. Forst, H. J., Berlin/ Offenbach 1993, S. 7-16

Engelmann, Erhard:
Interactive Services - Was ist das?, in: „Deutscher Multimedia Kongreß '95 - Auffahrt zum Information Highway", hrsg. v. Glowalla, U., Berlin/ Heidelberg 1995, S. 59-63

Ewers, Johannes:
Das multimediale Verwaltungsbüro: Erprobungsprojekt der DeTeBerkom, in: „Deutscher Multimedia Kongreß '95 - Auffahrt zum Information Highway", hrsg. v. Glowalla, U., Berlin/ Heidelberg 1995, S. 144-147

Fahrenschon, Edgar:
Doppelpack, in: PC Welt, o. JG., Nr. 12/95, Dezember 1995, S. 148

Ferguson, Charles H./ Morris, Charles R.:
Computerschlachten - Überlebensstrategien in der weltweit wichtigsten Industrie, Frankfurt am Main/ New York 1994

Fickert, Thomas:
Multimediales Lernen - Grundlagen, Konzepte, Technologien, Wiesbaden 1992

Frater, Harald:
Das große Buch zu Multimedia, Düsseldorf 1994

Gärtner, Gerold:
PC-Vernetzung, 1. Auflage, Düsseldorf 1993

Gertler, Nat:
Multimedia illustriert: Haben sie sich jemals gefragt... -was Multimedia ist? -Wie in Computern und Spielekonsolen Bilder, Töne und Videos zusammenarbeiten? Der Führer hinter die Kulissen, Haar bei München 1995

Glowalla, Ulrich/ Engelmann, Erhard/ de Kemp, Arnoud/ Rossbach, Gerhard/ Schoop, Eric:
Auffahrt zur Informationsautobahn, in: „Deutscher Multimedia Kongreß '95 - Auffahrt zum Information Highway", hrsg. v. Glowalla, U., Berlin/ Heidelberg 1995, S. 1-8

Glowalla, Ulrich/ Schoop, Eric:
Multimedia: Technische Grundlagen, beispielhafte Anwendungen und Potentiale für die Informationsgesellschaft, in: „Deutscher Multimedia Kongreß '95 - Auffahrt zum Information Highway", hrsg. v. Glowalla, U., Berlin/ Heidelberg 1995, S. 11-17

Gmehling, Norbert/ Hellinger, Erwin:
    Trust Imagery 1200, in: PC Direkt, o. JG., Nr. 11/95, November 1995, S. 100

Goldmann, Martin/ Müller, Ralf:
    Windows '95 umsteigen bitte, in: PC Direkt, o. JG., Nr. 11/95, November 1995, S. 52-58

Göring, Olaf:
    Bomben lassen sich mit GPS ebenso aufspüren wie Äcker düngen, in: Computer Zeitung, 26.
    JG., Nr. 6, Donnerstag, 9. Februar 1995, S. 24

Graf, Joachim:
    Explodierender Videoumsatz mit CD-Titeln, in: Media-Net-Special: Über Multimedia für AV,
    Video- und Fernsehprofis, Juli 1993, München 1993, S. 1

Gruber, Ralf:
    Flacher, größer, breiter - die Bildschirmzukunft, in: PC PROFESSIONELL, o. JG., Nr. 8/95,
    August 1995, S. 24-25

Häfele, Gudrun/ Glowalla, Ulrich:
    Multimedia in der Aus- und Weiterbildung: Entwicklungsstand und Perspektiven, in:
    „Deutscher Multimedia Kongreß '95 - Auffahrt zum Information Highway", hrsg. v. Glowalla,
    U., Berlin/ Heidelberg 1995, S. 163-167

Hahn, Harald:
    Das große CD-ROM Buch - Das innovative Buch zur CD-Technologie; 1. Auflage,
    Düsseldorf 1994

Helmiss, Andreas/ Regnet-Seebode, Renate:
    Multimedia-PC, in: PC WELT, o. JG., Nr. 11/95, November 1995, S. 142-156

Hitzges, Arno/ Betzl, Konrad/ Brettreich-Teichmann, Werner/ Koller Franz/ Ziegler, Jürgen:
    Chancen und Risiken von interaktiven Multimediasystemen in der betrieblichen Aus- und
    Weiterbildung, in: Forschungsbericht Technikfolgenforschung (Bundesministerium für
    Forschung und Technologie), Stuttgart 1994

Holzwart, Gerhard:
    Monopoly spielen ohne Gewähr auf die Schloßallee, in: Computerwoche, 22. JG.,   Nr. 15,
    14. April 1995, S. 7 u. S. 10

Holzwart, Gerhard:
    Videokonferenz: Mit Multimedia das Ohr am Puls der Zeit haben, in: Computerwoche, 22.
    JG., Nr. 9, 3. März 1995, S. 67-69

Hooffacker, Gabriele:
    Die neuen Techniken der Verkaufsförderung, München 1993

HP:
    Online-Hilfe für den HP-Deskjet 850C, 1995

Hultzsch, Hagen:
    Interaktive Video Services, in: „Deutscher Multimedia Kongreß '95 - Auffahrt zum
    Information Highway", hrsg. v. Glowalla, U., Berlin/ Heidelberg 1995, S. 64-68

Humbert, Hans-Jürgen:
    Alles unter einem Dach, in: PC GO!, o. JG., Nr. 11/95, November 1995, S. 6-12

Humbert, Hans-Jürgen:
    Soundcheck, in: PC GO!, o. JG., Nr. 12/95, Dezember 1995, S. 44-50

Hümmler, Thomas/ Vester, Claus:
    Schräg, schrill und völlig abgedreht, in: CHIP, o. JG., Nr. 2/95, Februar 1995, S. 34-39

Hünseler, Anton/ Kanzow, Jürgen:
    Möglichkeiten für interaktive Services - Multimedia on Demand -, in: „Deutscher Multimedia Kongreß '95 - Auffahrt zum Information Highway", hrsg. v. Glowalla, U., Berlin/ Heidelberg 1995, S. 77-85

Huttel, Klaus Peter:
    Praxisbuch Hardware: PC und Peripherie verstehen, 1. Auflage, München 1994

IBM Deutschland Informationssysteme GmbH (Geschäftssegment Multimedia):
    Creative Multimedia Studios - die Synthese von Technik und Gestaltung, in: Multimedialösungen von IBM, eigene Publikation, 1995

IBM:
    Abbau der Aktenberge - seit langem ein Ziel, in: IBM Nachrichten - Das Magazin für Technologie und Lösungen, 44. JG., Nr. 318, September 1994, S. 24-27

IBM:
    HABIS für die Hamburger Hafenbahn, in: IBM Nachrichten - Das Magazin für Technologie und Lösungen, 44. JG., Nr. 318, September 1994, S. 30-32

IBM:
    Hochglanz und High-Tech, in: IBM Nachrichten - Das Magazin für Technologie und Lösungen, 44. JG., Nr. 318, September 1994, S. 12-15

IBM:
    IBM Nachrichten - Das Magazin für Technologie und Lösungen, 44. JG., Nr. 318, September 1994, S. 5

IBM:
    „Städtekommunikation" für eine geteilte Regierung, in: IBM Nachrichten - Das Magazin für Technologie und Lösungen, 44. JG., Nr. 318, September 1994, S. 70-72

IDG Newsservice:
    Windows 95: Weniger verkauft als erwartet, in: PC Welt, o. JG., Nr. 1/96, Januar 1996, S. 9

Ingenbleck, Werner:
    Multimedia; 1. Auflage, Korschenbroich 1994

Intel Corporation:
    Der Intel Ether Express PRO/100 Netzadapter, Werbeanzeige, in: Computerwoche, 22. JG., Nr. 19, 12. Mai 1995, S. 31

Intel Corporation:
    Mehr Leistung - viel Erfolg, Verkaufsprospekt, eigene Publikation, 1995

James, Mike:
    PC-Netzwerke: Preiswerte Lösungen, München 1989

Kammann, Hans:
    Interactive Services - Markt der Zukunft? Bertelsmann Strategieansätze zur Ausnutzung interaktiver Medien, in: „Deutscher Multimedia Kongreß '95 - Auffahrt zum Information Highway", hrsg. v. Glowalla, U., Berlin/ Heidelberg 1995, S. 69-76

Kaneshige, Thomas/ Rademacher, Rochus:
    3D-Technik prüft Patienten auf Herz und Knochen, in: Computer Zeitung, 26. JG., Nr. 39, Donnerstag, 28. September 1995, S. 21

Kaufmann, Wolfgang/ Müller, Jens:
    Quickstart Multimedia PC, 1.Auflage, Düsseldorf/ San Francisco/ Paris/ Soest 1992

Kiermeier, Michael:
   Das Einsteigerseminar Multimedia, 1. Auflage, Korschenbroich 1993

Kinnebrock, Wolfgang:
   Marketing mit Multimedia - Neue Wege zum Kunden, Landsberg/Lech 1994

Kloth, Axel:
   Bussysteme des PC: ISA-, EISA-, Local-Bus, 2. überarbeitete Auflage, Poing 1994

Knieriemen, Thomas:
   Rechneraufbau am konkreten Beispiel: Dargestellt anhand der Macintosh-II-Modellreihe,
   Braunschweig/ Wiesbaden 1989

Kotzsch, Roman:
   Benutzerhandbuch Highscreen Personal Computer, Version 1.0, Würselen 1992

Kraft, Alexander:
   Mit silbernen Scheiben will sich der Buchhandel seine Zukunft vergolden, in: Frankfurter
   Rundschau, 51. JG., Nr. 180, Samstag, 5. August 1995, S. 11

Kramer, Horst/ Mayer, Karl H.:
   Multimedia - Was deutsche Unternehmen davon halten und damit anfangen, München 1992

Kreiß, Tino:
   Freecom Power CD, in: PC Direkt, o. JG., Nr. 10/95, Oktober 1995, S. 104

Kreiß, Tino:
   Miro D 2082F - Großflächiger Bildschirm für CAD, in: PC Direkt, o. JG., Nr. 12/95,
   Dezember 1995, S. 104

Kreiß, Tino:
   Panasonic LF-1000 BK - Phasewriter-Dual-Technik und Quadrospeed, in : PC Direkt, o. JG.,
   Nr. 12/95, Dezember 1995, S. 106

Kreiß, Tino:
   Sony SMO-F 521 - Magneto-optischer Speichergigant mit 1,3 GByte Kapazität, in: PC
   Direkt, o. JG., Nr. 12/95, Dezember 1995, S. 106

Kreiß, Tino:
   Spea Crunch It, in: PC Direkt, o. JG., Nr. 10/95, Oktober 1995, S. 108

Kreiß, Tino:
   Spea Play It, in: PC Direkt, o. JG., Nr. 10/95, Oktober 1995, S. 108

Kurzidim, Michael:
   Pioniere in Wartestellung, in: c´t, Magazin für Computer Technik, o. JG., Nr. 8, August 1995,
   S. 28

Lentzen, Walter:
   Modems im Einsatz: Der Schlüssel zur Datenkommunikation über das Telefonnetz, Bergheim
   1992

Luckhardt, Norbert:
   Größer, schneller, schärfer, mehr..., in: c´t, Magazin für Computer Technik, o. JG., Nr. 12/95,
   Dezember 1995, S. 160-162

Malzbender, Hildegard:
   Multimedia: Wissenswertes über die Themen Audio- und Photo CD, Midi- und Wave-
   Standard, Videokarten und deren Einbau, VR und Animation, Düsseldorf 1994

Malzbender. Hildegard:
    Photo-CD und PC: Das digitale Fotoalbum, Entwicklung, Ausstattung, Möglichkeiten, Haar
    bei München 1993

Matting. Matthias:
    Tanzschritte per Internet, in: PC GO!, o. JG., Nr. 12/95, Dezember 1995, S. 124-130

MD Hard- und Softwarevertrieb:
    Verkaufsanzeige, in: PC Direkt, o. JG., Nr. 8/95 (August 1995) bis Nr. 1/96 (Januar 1996)

Meissner. René:
    Optimaler Einstieg, in: c't, Magazin für Computer Technik, o. JG., Nr. 12/95, Dezember
    1995, S. 143-144

Messina. Calogero:
    Was ist Multimedia? Eine allgemeinverständliche Einführung, München/ Wien 1993

MICROGRAFX:
    Photo-CD der ABC Graphics Suite, 1995

Microsoft:
    Online-Hilfe für Microsoft Word 7.0 für Windows 95, 1995

Microsoft:
    Windows 95, 1995

Middelhoff. Thomas:
    Perspektiven der Multimedia-Industrie, in: „Deutscher Multimedia Kongreß '95 - Auffahrt
    zum Information Highway", hrsg. v. Glowalla, U., Berlin/ Heidelberg 1995, S. 51-55

Miro Computer Products AG:
    Digital Video - miroVIDEO 20 TD live!, Verkaufsprospekt, eigene Publikation, 1995

Modrakowski. Gaby/ Janik. Jürgen:
    Außendienstler mit Mobilfunk haben eigentlich immer Zeit für ihre Kunden, in: Computer
    Zeitung, 26. JG., Nr. 8, Donnerstag, 23. Februar 1995, S. 15

Müller. Armin:
    Multimedia-PC - Ein Navigator durch die Multimediawelt, Braunschweig/ Wiesbaden 1993

Müller. Bernhard:
    Elektronische Kataloge auf CD-ROM lösen immer häufiger die Printmedien ab, in: Computer
    Zeitung, 26. JG., Nr. 8, Donnerstag, 23. Februar 1995, S. 6

Müller. Patricia:
    Auferstanden von den Toten, in: CHIP, o. JG., Nr. 2/95, Februar 1995, S. 40-44

Müller. Ralf:
    GIGAmanie, in: PC Direkt, o. JG., Nr. 12/95, Dezember 1995, S. 12

Müller. Ralf:
    Olivetti Envision, in: PC Direkt, o. JG., Nr. 12/95, Dezember 1995, S. 142

Müller. Ralf:
    Von CD, SD und PC, in: PC Direkt, o. JG., Nr. 12/95, Dezember 1995, S. 13

Müller. Wolfgang:
    Multimedia - Interaktive Medien in Städten und Gemeinden, hrsg. v. Habbel, F. R. u.
    Hoffmann, H., Düsseldorf 1993

Nastansky, Ludwig:
Architekturen und Plattformen für koopereatives betriebliches Informations-management unter Integration multimedialer Datentypen, in: „Deutscher Multimedia Kongreß '95 - Auffahrt zum Information Highway", hrsg. v. Glowalla, U., Berlin/ Heidelberg 1995, S. 218-225

Neuerburg, Hans-Jürgen:
Dienste in Breitbandversuchsnetzen für Multimediaanwendungen, in: Multimedia - Neue Anwendungen in der Telekommunikation, Arbeitsgemeinschaft VDE-Bezirksverein Frankfurt am Main vom 25.01. bis 15.02.1993, hrsg. v. Forst, H. J., Berlin/ Offenbach 1993, S. 19-36

Nicklas, Michael:
PCs selbstgebaut - Aufbau, Erweiterung und Wartung, 2. Auflage, Aachen 1994

Niemeier, Uwe:
„Perfekte Illusion": Astronauten trainieren mit Cyberspace im All, in: Darmstädter Echo, 51. JG., Montag, 9. Oktober 1995, S. 5

o.V.:
Bertelsmann stellt auf zentrale Multimedia-Datenbank um, in: multiMEDIA - Informationsdienst für Medienintegration, 5. JG., Nr. 10/95, 1995, S. 19

o.V.:
CD-ROM Marke Eigenbau, in: PC GO!, o. JG., Nr. 12/95, Dezember 1995, S. 135

o.V.:
Chancen durch Telearbeit, in: Darmstädter Echo, 51. JG., Samstag, 9. Dezember 1995, S. 6

o.V.:
Die Europäer reden nur vom Infohighway, in: Computer Zeitung, 26. JG., Nr. 6, Donnerstag, 9. Februar 1995, S. 1

o.V.:
Einstieg in die Cyberspace-Welt, in: Darmstädter Echo, 51. JG., Samstag, 5. August 1995, Magazin, S. 2

o.V.:
Großunternehmen: Telearbeit im Kommen, in: Computer Zeitung, 26. JG., Nr. 45, Donnerstag, 19. Oktober 1995, S. 4

o.V.:
Hochgeschwindigkeits-CD-ROM Laufwerke und CD-Recorder, in: multiMEDIA - Informationsdienst für Medienintegration, 5. JG., Nr. 11/95, November 1995, S. 20

o.V.:
HP: Preisgünstiges und wiederbeschreibbares CD-Laufwerk/ Fujitsu: 4 GByte auf 3,5-Zoll-Diskette, in: PC WELT, o. JG., Nr. 11/95, November 1995, S. 13

o.V.:
Interaktives Fernsehen wird der Hit, in: Computer Zeitung, 26. JG., Nr. 39, Donnerstag, 28. September 1995, S. 25

o.V.:
Ja wo laufen sie denn?, Abbildung Festplattenmarkt 1994, in: CHIP, o. JG., Nr. 6/95, Juni 1995, S. 121

o.V.:
Learn about Multimedia, in: Distributed Multimedia Solutions from the European Networking Center, IBM Heidelberg, eigene Publikation, 1995

o.V.:

Leierkasten, in: multiMEDIA - Informationsdienst für Medienintegration, 5. JG., Nr. 9/95, September 1995, S. 18

o.V.:

Multimedia-CDs sind der große Renner, in: Computer Zeitung, 26. JG., Nr. 14, Donnerstag, 6. April 1995, S. 11

o.V.:

Multimediachip: Digitaler Alleskönner, in: Computer Zeitung, 26. JG., Nr. 42, Donnerstag, 19. Oktober 1995, S. 3

o.V.:

Multimedia Conferencing, in: Distributed Multimedia Solutions from the European Networking Center, IBM Heidelberg, eigene Publikation, 1995

o.V.:

Multimedia: Neue Medienwelt, Spezial zur CeBit´95 Hannover, in: DM, 35. JG., Nr. 3/95, März 1995, S. 112

o.V.:

Multimedia-PC: Neue Definition ist fertig, in: Computerwoche, 22. JG., Nr. 30, 28. Juli 1995, S. 24

o.V.:

Multimedia-PC´s - Teures Spielzeug, in: Stiftung Warentest, o. JG., Nr. 10/95, Oktober 1995, S. 45-52

o.V.:

Multimedia - Scheinwelt aus dem PC, in: Stiftung Warentest, o. JG., Nr. 10/95, Oktober 1995, S. 41-44

o.V.:

Multimedia - Shopping-Spickzettel, in: DOS-International, o. JG., Nr. 2/96, Februar 1996, S. 46-48

o.V.:

Multimedia verändert die Lernwelt, in: Personalwirtschaft - Zeitschrift für erfolgreiches Personalmanagement, Sonderheft „Weiterbildung" 1992, Kriftel 1992, S. 20-24

o.V.:

Nächste Abfahrt Wohnzimmer, in: DM, 35. JG., Nr. 4/95, April 1995, S. 38-45

o.V.:

PC-Farbmonitore - Mehr Bild, mehr Komfort?, in: Stiftung Warentest, Nr. 8, August 1995, S. 57-62

o.V.:

PD - wiederbeschreibbarer optischer Speicher, in: CHIP, o. JG., Nr. 9/95, September 1995, S. 142

o.V.:

Pentium, ade: Superchips kommen, in: Darmstädter Echo, 51. JG., Samstag, 11. März 1995, S. 7

o.V.:

Per Satellit durch die fremde Stadt, in: Darmstädter Echo, Beilage IAA´95, 51. JG., Freitag, 15. September 1995, S. 11

o.V.:

Post stellt am Luisenplatz einen stummen Diener auf - Automatische Briefannahme in vier Sprachen, in: Darmstädter Echo, 51. JG., Dienstag, 19. Dezember 1995, S. 11

o.V.:
Probefahrt im Cyberspace, in: CHIP, o. JG., Nr. 2/95, Februar 1995, S. 10

o.V.:
RWE und Veba testen Multimedia, in: Computer Zeitung, 26. JG., Nr. 14, Donnerstag, 6. April 1995, S. 2

o.V.:
Salziger Touchscreen, in: multiMEDIA - Informationsdienst für Medienintegration, 5. JG., Nr. 11/95, November 1995, S. 28

o.V.:
Spezial zur CeBit'95 Hannover, in: DM, 35. JG., Nr. 3/95, März 1995, S. 83-99

o.V.:
Tankstellen als elektronischer Supermarkt, in: Darmstädter Echo, 51. JG., Samstag, 6. Januar 1996, S. 7

o.V.:
Wachstum bei CD-Videospielkonsolen, in: multiMEDIA - Informationsdienst für Medienintegration, 5. JG., Nr. 11/95, November 1995, S. 5

o.V.:
Weit ist der Weg nach Hollywood, in: CHIP, o. JG., Nr. 5/95, Mai 1995, S. 66-67

o.V.:
Windows-Anteil bei Heim-Betriebssystemen wächst ständig, in: multiMEDIA - Informationsdienst für Medienintegration, 5. JG., Nr. 10/95, Oktober 1995, S. 11

Obermayer, Theo:
PC Update und Service, München 1992

Olivetti:
Multimedia Kiosk System - Multikiosk 2000, Verkaufsprospekt, eigene Publikation, 1995

Olivetti:
PCC - Personal Communication Computers, Verkaufsprospekt, eigene Publikation, 1995

Petrowsky, Hans:
Multimedia-PC selbstgebaut, Aachen 1994

Philips Consumer Electronics:
Philips Sound & Vision, Verkaufsprospekt, eigene Publikation

Pich, Joachim:
So nah und doch so fern, in: CHIP, o. JG., Nr. 2/95, Februar 1995, S. 252-256

Plattner, Bernhard:
x.400, elektronische Post und Datenkommunikation: Die Normen und ihre Anwendung, 3. überarbeitete und erweiterte Auflage, hrsg. v. Plattner, B./ Lanz, G./ Lubich, H./ Müller, M./ Walter, T., , Bonn 1993

Poschmann, Alfred/ Regnet-Seebode, Renate:
Flotte Grafik, in: PC WELT, o. JG., Nr. 10/95, Oktober 1995, S. 168-203

Poschmann, Alfred:
Für die gute Stube: Der Olivetti Envision P75, in: DOS-International, o. JG., Nr. 1/96, Januar 1996, S. 232

Preu, Achim:
   Dresdner Forscher eröffnen dem Computer neue Perspektiven, in: Darmstädter Echo, 51.
   JG., Freitag, 16. Juni 1995, S. 6

Rachor, Ursula:
   Multimediale Kommunikation im Bürobereich, Begleitstudie zum Pilotprojekt „Office
   Broadband Communication", Heidelberg 1994

Rademacher, Rochus/ Maushart, Marie-Ann:
   Zwischen Fun und Funktionalität: Die Virtual-Reality-Technik wird erwachsen, in: Computer
   Zeitung, 26. JG., Nr. 9, Donnerstag, 2. März 1995, S. 6   :

Rode, Hans-Jürgen:
   Das PC-Hardware Einmaleins, hrsg. v. Haselier, R. G. u. Fahnenstich, K., Bonn/ München/
   Paris 1994

Rougé, Daniel:
   Faszination Multimedia, 1. Auflage, Düsseldorf 1994

Rüttgers, Jürgen:
   Multimedia - Technische Entwicklung und Anwendungsperspektiven, in: „Deutscher
   Multimedia Kongreß '95 - Auffahrt zum Information Highway", hrsg. v. Glowalla, U., Berlin/
   Heidelberg 1995, S. 21-25

Saturn Hansa:
   Aztech Video Galaxy Gamma, in: Saturn Klicker, Ausgabe 1/96, Januar 1996, S. 4

Scharf, Achim:
   Multimedia sorgt für einen Boom bei Prozessoren, in: VDI Nachrichten, 49. JG., Nr. 48,
   01.12.1995; München 1995, S. 19

Schepp, Hilmar:
   Das neue CD-ROM-Zeitalter, in: DOS-International, o. JG., Nr. 11/95, November 1995,
   S. 30-31

Schieb, Jörg:
   Das große AT-Buch, 5. Überarbeitete Auflage, Düsseldorf 1990

Schlicht, Hans-Jürgen:
   Digitale Bildbearbeitung mit dem PC - Scanner, Drucker, Video und Multimedia, Bonn/ Paris/
   Reading/ u.a. 1993

Schmenk, Andreas/ Wätjen, Andreas:
   Multimedia - Multimedia verstehen, planen, einsetzen, München 1993

Schmid, Willibald:
   Der Pentium-Pro ist kein Chip für den PC-Massenmarkt, in: Computer Zeitung, 26. JG., Nr.
   42, Donnerstag, 19. Oktober 1995, S. 5

Schnurer, Georg:
   Leistungsträger, in: c't, Magazin für Computer Technik, o. JG., Nr. 10/95, Oktober 1995,
   S. 150-175

Schnurer, Georg:
   Grundlegend: das Motherboard, in: c't, Magazin für Computer Technik, o. JG., Nr.12/95,
   Dezember 1995, S. 144-145

Schuhmann, Annette:
   Lichtblicke, in: PC GO!, o. JG., Nr. 12/95, Dezember 1995, S. 54-56

Schulz, Beate:
   Flexible Zeit, felxibler Ort: Telearbeit im Multimedia-Zeitalter, Weinheim/ Basel 1993

Siemens AG:
    Siemens - Geschäftsbericht '95, eigene Publikation

Siemens Nixdorf:
    Scenic - Das Multimedium, in: PC GO!, o. JG., Nr. 11/95, November 1995, S. 43

Siering, Peter:
    Blendwerk - Das größte Update aller Zeiten: Windows 95, in: c't, Magazin für Computer
    Technik, o. JG., Nr. 10, Oktober 1995, S. 121

Spanik, Christian/ Rügheimer, Hannes:
    Multimedia - Einsteigen ohne auszusteigen, Haar bei München 1993

Sperlich, Tom:
    In den Startschuhen, in: c't, Magazin für Computer Technik, o. JG., Nr. 8/95, August 1995,
    S. 58-59

Steinbrink, Bernd:
    Multimedia - Einstieg in eine neue Technologie, München 1992

Steinmetz, Ralf:
    Multimedia-Technologie - Einführung und Grundlagen, Berlin/ Heidelberg 1993

Strass, Hermann:
    SCSI-Bus erfolgreich anwenden: Technische Eigenschaften, Normen, Lösungswege für die
    Praxis, mit Diagnose-Software, München 1993

Strass, Hermann:
    Massenspeicher optimal einsetzen: Festplatten, Streamer, CD-ROM, WORM,
    Halbleiterspeicher, Poing 1994

Stucki, P.:
    Multimedia: Einführung in die Thematik, in: Multimedia 2000, SVD Schweizerische
    Vereinigung für Datenverarbeitung, Tagungsdokumentation vom 07. Juli 1994, Zürich 1994,
    S. 1-5

Texas Instruments:
    Extensa 550 CDT, Verkaufsanzeige, in: PC Direkt, o. JG., Nr. 12/95, Dezember 1995, S. 79-
    80

Thompson, Steven A./ Aleshire, Keith:
    Aufrüsten zum Multimedia-PC - Einführung und Wegweiser, Haar bei München 1995

Tiefenthaler, Peter/ Koser, Wolfgang:
    Alles für die Konferenz, in: DOS-International, o. JG., Nr. 1/96, Januar 1996, S. 11

Tiefenthaler, Peter:
    Gigabyte zum Megapreis, in: DOS-International, o. JG., Nr. 12/95, Dezember 1995, S. 118

Tornsdorf, H./ Tornsdorf, M.:
    Das große Personal Computer Buch, Ausgabe '91, 1. Auflage, Düsseldorf 1990

Ulbrich, Hans-Joachim:
    Erfolge der forensischen Kriminalistik hinken krimineller Phantasie hinterher, in: Computer
    Zeitung, 26. JG., Nr. 8, Donnerstag, 23. Februar 1995, S. 24

von Kraewel, Thea:
    Multimediasysteme in deutschen Banken, Multimedia Praxis, Band 3, München 1994

VW AG:
>Mit dem Sharan auf den interaktiven Highway, in: PC GO!, o. JG., Nr. 11/95, November 1995, S. 23

Wannemacher, Anette/ Völker, Claus:
>Neue Trainingsmethode für künftige Chirurgen, in: Darmstädter Echo, 51. JG., Freitag, 18. August 1995, Magazin, S. 9

Wasem-Gutensohn, Jürgen:
>Intel tauft den High-End-CPU - P6 wird zu Pentium Pro, in: DOS-International, o. JG., Nr. 11/95, November 1995, S. 18

Weidner, Walther:
>Organisation in der Unternehmung - Aufbau- und Ablauforganisation, Methoden und Techniken praktischer Organisationsarbeit, 4. überarbeitete Auflage, München/ Wien 1992

Welz, Gottfried:
>Trockenübungen am Computer: Künftige Luftraummanager proben den Ernstfall, in: Computer Zeitung, 26. JG., Nr. 8, Donnerstag, 23. Februar 1995, S. 18

Wendeln-Münchow, Dorothea:
>Hochintegrierter Chip schafft Platz auf dem Schreibtisch, in: Computer Zeitung, 26. JG., Nr. 8, Donnerstag, 23. Februar 1995, S. 17

Westermann, Hanko:
>Telekommunikation weltweit, in: Darmstädter Echo, 51. JG., Mittwoch, 4. Oktober 1995, S. 8

Willim, Bernd/ Ebeling, Adolf:
>Totale Synthetik im Visier, in: c't, Magazin für Computer Technik, o. JG., Nr. 10/95, Oktober 1995, S. 33-34

Willin, Bernd/ Loviscach, Jörn:
>The Next Generation, in: c't, Magazin für Computer Technik, o. JG., Nr. 11/95, November 1995, S. 188-190

Wittmann, Thomas/ Hellinger, Erwin:
>TLKI 611 ISDN-Karte, in: PC Direkt, o. JG., Nr. 10/95, Oktober 1995, S. 94

Wittmann, Thomas/ Kreiß, Tino:
>1&1 Skycomet 28.800, in: PC Direkt, o. JG., Nr. 10/95, Oktober 1995, S. 96

Wratil, Peter:
>Multimedia für Video und PC: Techniken und Einsatzmöglichkeiten, Haar bei München 1993

X. Ehrenwörtliche Erklärung

„Ich versichere hiermit, daß ich diese Arbeit selbständig angefertigt und alle von mir benutzten Quellen und Hilfsmittel angegeben habe. Ich habe diese Arbeit keiner anderen Stelle oder keiner anderen Person im Rahmen einer Prüfung vorgelegt."

Griesheim, den 04. März 1996

Diplom.de

Die Diplomarbeiten Agentur vermarktet seit 1997 erfolgreich Wirtschaftsstudien, Diplomarbeiten, Magisterarbeiten, Dissertationen und andere Studienabschlußarbeiten aller Fachbereiche und Hochschulen.

Seriosität, Professionalität und Exklusivität prägen unsere Leistungen:

- Kostenlose Aufnahme der Arbeiten in unser Lieferprogramm
- Faire Beteiligung an den Verkaufserlösen
- Autorinnen und Autoren können den Verkaufspreis selber festlegen
- Effizientes Marketing über viele Distributionskanäle
- Präsenz im Internet unter **http://www.diplom.de**
- Umfangreiches Angebot von mehreren tausend Arbeiten
- Großer Bekanntheitsgrad durch Fernsehen, Hörfunk und Printmedien

Setzen Sie sich mit uns in Verbindung:

Diplomica GmbH
Hermannstal 119 k
22119 Hamburg

Fon: 040 / 655 99 20
Fax: 040 / 655 99 222

agentur@diplom.de
www.diplom.de

Diplom.de

- **Online-Katalog**
  mit mehreren tausend Studien

- **Online-Suchmaschine**
  für die individuelle Recherche

- **Online-Inhaltsangaben**
  zu jeder Studie kostenlos einsehbar

- **Online-Bestellfunktion**
  damit keine Zeit verloren geht

Wissensquellen
gewinnbringend nutzen.

Wettbewerbsvorteile
kostengünstig verschaffen.

www.ingramcontent.com/pod-product-compliance
Lightning Source LLC
La Vergne TN
LVHW042124070326
832902LV00036B/632